챗GPT가 바꿀 우리 인류의 미래

GPT 제너레이션

챗GPT가 바꿀 우리 인류의 미래

GPT 제너레이션

HAT GPT

이시한 지음

북모먼트

한 시대가
바뀌고 있다

기술 '가속'의 시대입니다. 기술이 시대를 만들어 내는 요즘이니만큼 자고 일어나면 시대가 달라지고 환경이 달라지고, 살아가야 할 미래가 바뀐다는 뜻입니다.

하지만 다시 한번 생각해보면, 은근히 바뀌지 않는 것도 많습니다. 자동차는 처음 나왔을 때와 여전히 비슷한 형태로 만들어져 굴러가고, 엘리베이터의 기본 구조는 전혀 바뀌지 않았습니다. 그런데 굉장히 첨예한 변화를 겪었을 것 같은 인터넷도 의외로 바뀌지 않은 기술입니다. '너와 나 손을 잡고 함께 저 인터넷의 바다에 뛰어들자꾸나'라며 인터넷의 시대가 처음 열린 게 30년 전이었는데, 그때와 비교하면 기본 원리가 전혀 바뀌지 않았습니다. 그래서 구글이나 네이버 같은 검색엔진 기반의 기업들이 은근한 고인물이었죠.

그런데 이런 패러다임을 뒤바꿀 기술이 등장했습니다. 언어 기반의 AI입니다. 그중에서도 우리에게 가장 먼저 알려진 제품이 Chat GPT 죠. 그전에 미드저니 같은 생성형 그림 AI도 있었지만, Chat GPT가 보여준 충격과는 사뭇 달랐습니다. Chat GPT는 '한 시대가 바뀌는 것을 내 눈으로 볼 수 있겠구나'라는 감각을 대중들에게 직접 전해 주었죠.

많은 질서와 기준이 바뀌게 됩니다. Chat GPT가 현재 출력하는 결과만으로도 기존의 지식노동자, 전문직, 사무직, 언론인들이 영향을 받을 수밖에 없습니다. Chat GPT가 일상적인 서류를 채워줄 수 있다면 취준생, 회사원들의 일이 한결 간편해지겠죠. 그리고 Chat GPT가 고객 응대를 효과적으로 할 수 있으니 판매직, 서비스직 역시 대체할 수 있습니다. Chat GPT가 가진 지금의 능력만으로도 수많은 일자리가 대체될 수 있습니다. GPT 책을 구성하며 주변에 만나는 사람들과 대화를 나눠보았는데, 직원 레벨보다는 CEO나 임원 레벨에서 이 기술에 대해 훨씬 잘 알고 있었습니다. 사용자 입장에서 더 관심이 가는 기술이라는 건 이 Chat GPT가 어떻게 쓰일지에 대해서 약간의 방향성이 보인다고 할 수 있죠.

일자리 대체는 부분적인 영향이고, 실제로 Chat GPT 기술의 파급력은 우리의 라이프 스타일 자체를 변화시킬 것입니다. 사람처럼 대화하는 것은 물론이고 사람의 애매모호한 말도 알아들을 수 있는 Chat GPT의 능력은 연결형 플랫폼의 역할을 해서, IoT(사물인터넷)로 연결되는 우리 주변의 모든 기기를 순전히 우리의 말로만 컨트롤할 수 있게 해주는 기술이 됩니다. "집 안의 불을 희미하게 해줘"라든가, "소개팅에 입고 나갈 '화려하지만 심플한' 옷 좀 골라줘", "시동 켜고 차 안의 온도를 '적당하게' 맞춰줘"와 같은 애매모호한 말에 대해서도 바로 반응해서, 연결된 프로그램들에 명령을 내릴 수 있거든요. 어쩌면 영화 〈아이언맨〉을 보면서 한 번쯤 가졌으면 좋겠다고 생각한 인공지능 비서 '자비스'를 우리 모두 가지게 될 수 있는 거죠.

GPT의 시대는 올 수밖에 없습니다. 사실 대화형 인터페이스는 그동안 AI 스피커나 시리 같은 것으로 계속 시도했지만, 사람의 말을 잘 못 알아듣거나 간단한 명령만 수행하는 한계로 인해 불편했던 게 사실입니다. 그런데 이제 '개떡' 같이 말해도 '찰떡' 같이 알아듣는 AI가 나오면서 드디어 꿈꿔왔던 모든 기술을 쏟아 넣을 수 있게 된 겁니다. 이렇게 패러다임 자체가 바뀌는 시대에는 일하는 방식에도 근본적인 변화가 필요합니다. 새로운 판에서 새로운 기술을 잘 적용하는 사람은 예전에 비해 몇 배 향상된 생산성으로 전성기를 맞을 수 있을 겁니다.

이 책은 Chat GPT로 인해 맞이하는 새로운 시대에 대해 이야기합니다. 1장에서는 개념, 원리, 의의 같은 것들을 다룰 것이고, 2장에서는 현재 상황에서 이 기술이 할 수 있는 일에 대해 다룰 겁니다. 그리고 3장에서는 이 기술들이 바꿀 미래 사회에 대한 전망을 살펴봅니다. 4장에서는 이 기술들이 만들어 내는 문제점과 예방책을 생각해보고, 5장에서는 그렇다면 '이런 시대에 우리는 어떻게 살아남을 것인가', 더 나아가서 '우리 자녀들에게는 어떤 교육이 필요할까'에 대한 내용을 담고 있습니다.

한 가지 주의하실 것은 제가 Chat GPT를 중심으로 설명하지만, 사실은 언어 기반의 AI모델 전체에 대한 이야기라는 것입니다. 대화와 소통을 목적으로 만들어진 이 언어 기반의 AI모델들은 구글에서는 바드, 바이두에서는 어니봇, 네이버에서는 서치 GPT 등으로 다르게 부를 뿐 기본적인 개념은 같습니다. 그래서 Chat GPT라고 하더라도 이거 하나만 이야기하는 것이 아니라, 전체적으로 언어 기반의 생성형 AI를 이르는 말이라고 봐도 무방합니다. Chat GPT는 처음 포문을 열었기 때문에 대표적인 이름일 뿐인 거예요. 그래서 이야기가 전개될 때 Chat GPT라는 고유명사를 생성형 AI나 언어 기반 생성 AI 같은 보통명사로 인식해도 큰 무리가 없을 겁니다. 아니, 오히려 이렇게 인식해야 보다 큰 그림을 머릿속에 그릴 수 있습니다.

책 안에서도 GPT와 Chat GPT를 혼용해서 씁니다. 엄밀하게 말하면 GPT를 대화모델로 특화한 것이 Chat GPT거든요. GPT가 생성형으로 결과물이 창조되는 모델을 말하는 것이라면 Chat GPT는 그 결과물이 언어 기반인 겁니다. 그냥 GPT라고 하면 창조성 있는 AI 정도의 의미이지만, 그렇게까지 세밀하게 구분하지는 않았으니 문맥에 맞게 이해하시면 됩니다.

그럼 이제 벨트를 매주세요.

기술의 속도보다 더 빠르게 우리는 인지의 속도를 넓힐 겁니다. 매우 빠르니 주의하시면서 주변에 펼쳐지는 정보와 인사이트, 전망들을 한꺼번에 즐겨주시기 바랍니다. 그럼 출발합니다!

Content

3

GPT가 바꾸는 라이프 스타일

4

GPT가 만들어 내는 그림자의 농도

PROMPT:
AI 시대의 인간은 어떻게 생존할 것이며, 우리 아이들은 무엇을 배워야 할까?

1장

검색의 시대가
지나간다

모두가 Chat GPT를 이야기하는 시대입니다. 써 본 사람은 놀라움을, 안 써 본 사람은 두려움을 주로 이야기하지만, 결과적으로는 모두 다 Chat GPT에 대한 대화입니다. Chat GPT가 어려운 대답을 척척 해내는 것만 가지고는 이런 신드롬급 화제를 설명하기는 힘듭니다. 많은 사람들이 직·간접적으로 무언가 다르다는 것을 느꼈기 때문입니다.

이런 감각은 PC가 처음 나올 때, 인터넷이 처음 나올 때, 스마트폰이 처음 나올 때 이후 오랜만입니다. 일부 전문가들만 혁신과 패러다임의 변화를 외치는 것이 아니라 대중들이 '뭔가 다른데'라고 직접 느끼는 그런 감각 말이죠.

'도대체 Chat GPT는 뭐가 그렇게 다른 것일까? 그것이 우리 사회에 어떤 영향을 줄 것이며, 그로 인해 사회 구조와 시스템 그리고 문화들은 어떻게 바뀌는 것일까?' 이런 부분을 이번 장에서 알아보도록 하겠습니다. 개념, 원리, 영향 같은 기본적인 것에서 의의, 전망까지 Chat GPT에 대한 모든 것을 개론적으로 정리해보는 장이라고 보시면 되겠습니다. 사회와 문화의 변화는 근본적인 인간 존재의 양태에 영향을 줄 수밖에 없습니다. 결국 Chat GPT가 바꾸는 인간의 미래에 대해서도 생각해볼 수 있는 장입니다.

알파고 이후,
다시 불어온 AI 충격파

Chat GPT는 도대체 뭐가 다른 걸까?

섬뜩했다

...

마지막 싸움이다. 처음부터 여유는 없었다.

'오늘 지면 끝이다. 개인이 지는 것이 아니라, 인류가 지는 것이다.'

이세돌 9단의 얼굴에는 그런 마음이 그대로 드러나 있었다. 하지만 대국
은 그의 기대대로 흘러가지 않았다. 싸움이 막판으로 치달으면서, 가면보
다 더 굳어있던 이세돌 9단의 얼굴에 표정이 떠올랐다. 하지만 그 표정은

환희와 기대가 아닌 아쉬움과 후회의 표정이었다.

부동자세에 가까웠던 그는 후반으로 갈수록 잔움직임이 많아졌다. 몸이 조금씩 흔들리고 머리를 긁적이기도 한다. 급기야 자기도 모르게 고개를 살짝 저으며 깊은 한숨을 내쉬기까지 한다.

갑자기 이세돌 9단이 자리를 박차고 나간다. 바둑을 잘 모르는 대중들은 그 장면을 보고 포기한 건가 싶었지만, 이세돌 9단은 잠시 후 다시 알파고 앞에 앉았다. 하지만 패배가 유예된 것일 뿐 여전히 상황은 변하지 않았다.

그래도 이세돌 9단은 턱을 손에 괴고 깊은 한숨을 쉬며 마지막까지 대국에 임한다. 하지만 그가 졌다는 것은 해설자도, 대중들도 모두 알고 있다. 그 역시도 마찬가지였고, 무엇보다 앞에 앉은 알파고도 알고 있다.

결국 괴로운 듯 머리를 부여잡은 이세돌 9단은 돌을 잡고 한참을 망설이다가 돌을 던진다. 항복을 선언한 것이다. 그 후로도 이세돌 9단은 아쉬움 가득한 얼굴로 바둑판을 떠나지 못하고 계속 들여다본다. 두 손으로 얼굴을 감싸쥔 이세돌 9단의 침통한 모습이 알파고와 5시간 동안 싸우고 패한 인간의 모습이었다.

2016년 5월이었죠. 그다지 세기의 이벤트도 아니었습니다. 구글의 자회사인 인공지능 회사 딥마인드가 개발한 알파고라는 AI와 이세돌

9단의 바둑 대결은 그저 하나의 관심끌기용 이벤트였을 뿐입니다. 많은 사람들이 'AI가 바둑에서 인간을 이길 리 없다'고 생각했고, 주최 측이나 중계하는 사람들, 무엇보다 대국 당사자인 이세돌 9단도 그렇게 믿고 있었기 때문입니다. 하지만 결과는 4승 1패로 알파고의 일방적인 승리였고, 이때 이세돌 9단이 거둔 1승은 인간이 AI에게 거둔 마지막 승리가 됩니다. 그 후로 더더욱 발전한 알파고는 단 한 번도 인간에게 지지 않았습니다. 지금 알파고는 바둑계에서 은퇴했습니다. 더이상 바둑을 두어봤자 의미가 없는 지경에 이르렀거든요.

당시 알파고의 승리는 이세돌 9단에게 충격을 안겼지만, 그 충격은 이세돌 9단만의 것이 아니었습니다. 그 사건을 지켜본 모든 사람들이 이른바 '패닉'에 빠졌거든요. 기계가 '머리를 쓰는 일'에서 인간을 이겼기 때문입니다. 이세돌 9단은 나중에 한 예능 프로그램에 출연해서 당시 심정을 '섬뜩했다'고 표현했는데, 대중들이 이 대결을 지켜보면서 느꼈던 감정 역시 바로 그것이었습니다.

이미 산업 현장에서는 반복적이고 힘쓰는 일을 기계가 대신해왔지만, 창의적으로 머리를 쓰는 일에서는 인간이 기계를 압도한다고 믿었던 사람들에게 갑자기 생각지도 않던 도전장이 날아온 셈이었기 때문입니다. 특히 이 충격을 바로 옆에서 지켜본 한국에서는 바로 러다이트나 터미네이터 같은 이름들을 소환했고, 결국 4차산업혁명이라는 이름의 열풍을 만들어 냅니다.

하지만 당시에도 4차산업혁명이라는 것의 실체에 대해서 의심하는 사람들이 많았습니다. 뉴스만 보자면 AI가 당장 모든 사람의 일자리를 대체할 것만 같은 느낌이었는데, 한 달이 지나고 일 년이 지나도 그렇게까지 기계가 인간의 영역을 탈취해가는 것 같지는 않았거든요. 게다가 AI가 다른 부분에서 바둑만큼의 성취를 보였다는 뉴스를 찾기 힘들었습니다. 그래서 AI 발전에 대해 점점 전문가의 체감과 대중들의 체감에 차이가 나기 시작했습니다. 어느 순간 한국에서는 마케팅 용어처럼 4차산업혁명이나 AI, 알고리즘이라는 단어를 쓰게 되고, AI는 그렇게 대중들의 관심에서 희미해져 갑니다.

유발 하라리도 실업 걱정을 하게 만든 GPT
...

2022년 12월 Open AI는 그동안 계속 발전시켜 왔던 AI의 새로운 버전을 발표합니다. Chat GPT 3.5였죠. Open AI는 인류에게 이익을 주는 것을 목표로 2015년 12월 11일 설립된 인공지능 연구 회사입니다. 테슬라 CEO로 잘 알려진 일론 머스크와 이콤비네티어 창업자인 샘 알트만, 링크드인 공동창업자인 리드 호프먼 등 IT업계의 거

Open AI의 홈페이지[1]

물들이 힘을 합쳐 만든 곳입니다.[2] 그중 샘 알트만은 지금 Open AI의 CEO이기도 합니다.

Open AI가 발표한 Chat GPT에서 'Chat'은 채팅Chatting을 의미하므로 기본적으로는 대화하는 AI라고 할 수 있습니다. 이해하기 쉽게 생각하면 '물어보는 것에 대해서 뭐든지 대답해주는 기계'인 셈입니다. 그리고 GPT는 Generative Pre-trained Transformer의 약자입니다. '사전훈련생성변환기' 정도로 번역할 수 있겠는데, 여기서 Generative(생성)는 기계 스스로 학습한 알고리즘으로 새로운 글, 이미지, 영상 등을 생성하는(만드는) 기술을 말합니다.[3]

Transformer(트랜스포머)는 기술적인 이해가 필요하지만, 간단히 말해 'AI가 동작하는 방법'이라고 보면 됩니다. 기존의 AI들은 자료에 라벨링 해서 그것을 학습하는 식이었습니다. 예를 들어, 고양이 그림에 '고양이'라는 라벨을 달고, AI가 그것을 통째로 인식하는 방식으로 학습이 이루어졌죠. 그래서 한때 자료에 라벨링을 다는 아르바이트가 유행하기도 했습니다. 그런데 트랜스포머는 요소들 사이의 패턴을 수학적으로 찾아냅니다. 문장 속 단어와 같은 순차 데이터 내의 관계를 추적해 맥락과 의미를 학습하는 신경망을 의미합니다.[4] 고양이 귀, 손, 수염 같은 요소들 사이의 패턴으로 고양이를 인식하죠. 언어모델에 적용하면 AI가 맥락, 미묘한 차이점, 단어들 사이의 관계, 문장의 의미들을 이해하기 시작한다는 것입니다.

Chat GPT는 글쓰기, 대화에 특화된 생성 AI입니다. 새로운 정보가 생성이 되니 새로운 데이터도 만들어 낼 수 있습니다. 기존 대화형 플랫폼들이 대부분 사전에 학습된 데이터 안에서 대답을 찾아 제시했다면, Chat GPT는 딥러닝을 통해 스스로 언어를 생성하고 추론하는 능력을 가진 AI입니다. 예를 들어, 예전에는 그림을 '찾아주는' AI라고 하면, 이미 가지고 있는 그림 안에서 사용자가 원하는 것과 제일 비슷한 것을 찾아 제시하는 방식에 불과했습니다. 하지만 그림을 '생성하는' AI는 사용자가 원하는 그림을 말로 설명하면 그 그림을 새로 그려주는 것입니다. 세상에 없던 그림을요.

이것을 채팅에 적용해서 생각하면 안 가르쳐 줘도 눈치 봐서 AI가 데이터에 없는 말도 찾아 할 수 있다는 뜻이 됩니다. 게다가 시행착오를 거쳐서 최적의 방법을 찾아가는 강화학습 기법인 만큼, 스스로 오류를 바로잡고 잘못을 수정할 수 있습니다. 아무리 대화를 해도 자신의 잘못을 못 고치는 사람보다 훨씬 낫다고 볼 수 있죠.

2022년 12월에 공개된 버전은 Chat GPT 3.5로 사실 그전에 1, 2, 3버전이 있었습니다. 1억 1,700만 개의 '파라미터(매개변수)'를 활용한 것으로 알려진 GPT-1이 공개된 것이 2018년입니다. 여기서 파라미터는 코딩 용어라고 할 수 있는데, 함수를 정의할 때 사용되는 변수를 말합니다. 이와 비교해서 같이 쓰이는 개념은 '인수'인데, 인수는 그 파라미터 안에 들어가는 변수값입니다.[5] 그러니까 x, y, t 같은 것들을 매개변수라 하고, 그 안에 2, 4, 6과 같은 값이 들어가는 것이 인수입니다. 복잡하게 들리지만 필요한 부분만 이해하자면 파라미터 값이 많을수록 정보를 받을 수 있는 능력이 더 좋습니다. 변수가 많은 거니까요. AI에서는 이 파라미터 값이 클수록 좋은 모델이 될 확률이 높습니다. 회사에 직원이 있는데, 100명의 직원을 가진 회사와 10,000명의 직원을 가진 회사 중에 어디가 더 대규모의 일을 감당할 수 있을까 생각해보면 이해가 쉽습니다.

GPT-2는 2019년에 공개되었는데, 15억 개의 파라미터를 썼고,

2020년 공개된 GPT-3는 1,750억 개의 파라미터를 썼습니다. GPT-1 과 비교하면 100배 정도 늘었죠. GPT-3를 잘 활용한 사례는 『사피엔스』로 유명한 유발 하라리가 GPT-3에게 『사피엔스』 10주년판의 서문을 작성하도록 했다는 이야기입니다. GPT-3는 온라인에 떠돌아다니는 하라리의 책과 논문, 인터뷰 등을 모아 서문을 완성했습니다. 서문을 읽고 하라리는 "정말 깜짝 놀라 입을 다물지 못했다. 정말 AI가 이글을 썼다는 말인가" 하며 감탄했습니다.[6] 물론 아쉬운 점을 지적하며 적어도 몇 년 동안은 AI에게 자신의 일자리를 빼앗기진 않을 것 같다고 덧붙이긴 했지만, 그 기간이 몇십 년이라고 자신하진 못했죠.

『사피엔스』의 서문만 보면 GPT-3는 거의 인간에 준하는 수준의 이해력과 문장력을 갖춘 AI라고 할 수 있습니다. 유발 하라리는 GPT-3가 쓴 사피엔스 서문을 그대로 책에 실으면서 "AI 혁명은 '우리가 알던 방식의 인류 역사가 끝났다'는 신호"라며 "역사상 처음으로 힘의 중심이 인류의 손아귀에서 벗어날지 모른다"는 경고도 덧붙였죠.[7]

전혀 다른 경험을 제시한 GPT

...

GPT-3.5는 갑자기 등장한 게 아니라 이런 기술과 경험, 데이터들

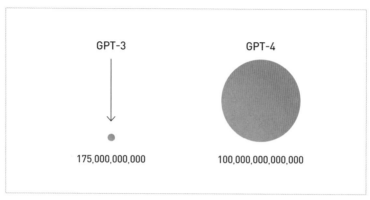

GPT-3과 GPT-4의 파라미터를 직관적으로 비교한 그림이 인터넷에 돌고 있다[8]

이 쌓여서 나왔습니다. 2023년에 나올 예정인 GPT-4에는 1~100조 개 정도의 파라미터가 들어갈 것으로 예상됩니다. 공개된 정보가 없다 보니 미디어에서도 그냥 최소인 1조 개 정도로 추산하는 분위기입니다. 수치적인 성능으로 보면 버전이 하나씩 올라갈 때마다 비약적으로 발전하고 있는 셈입니다. 1억 개 정도의 파라미터가 들어간 GPT-1를 100명이 근무하던 회사에 비유한다면 GPT-4에 1조 개의 파라미터만 들어갔다 해도 100만 명이 근무하는 회사가 된 것이나 마찬가지입니다.

하지만 GPT-3.5가 대중들의 관심을 받은 것은 이런 하드웨어적 성능 향상 때문만은 아닙니다. 사실 100명 근무하던 회사에 10,000명이 근무하게 되더라도 매출이 100배 늘어나는 것은 아니기 때문이죠. 사람이 늘어난 만큼 비효율과 농땡이가 발생하기 마련입니다. 모든 직원이 1인분의 몫을 하진 않는 것처럼 파라미터가 클수록 무조건 성능이 좋다는 것은 오해에 가깝습니다.

다만, GPT가 버전이 커질수록 강화학습을 통해 최적화를 한다는 것입니다. 가지고 있는 하드웨어로도 충분한 성능이 발생할 수 있도록 소프트웨어적인 설계가 잘 이루어지면 그것만으로도 엄청난 성능 향상이 된다는 것이죠. 하지만 GPT-3.5가 등장하면서 갑자기 대중적인 각광을 받은 이유에 대해서는 아직 설명이 부족합니다. 단순히 성능 때문이라면 GPT보다 더욱 성능 좋은 AI들이 이미 나와 있습니다. 마이크로소프트와 엔비디아가 공동 개발하는 초거대 AI인 'MT-NLG'에 5,300억 개의 파라미터가 쓰이고, 구글의 '스위치 트랜스포머'와 베이징인공지능연구소의 '우다오 2.0'이 각각 1조 7,500억 개의 파라미터를 기록하고 있으니까요.[9]

GPT 3.5가 주목을 끈 이유는 사용자 경험이 달라졌기 때문입니다. GPT-3만 해도 대화하면서 '아! 상대방은 기계구나'라고 대부분의 사람들이 느꼈다는 겁니다. 딱딱하고, 가끔 맥락에 너무 안 맞고, 무엇보다 농담 따위는 전혀 하지 못했거든요. 그런데 GPT 3.5에서는 바로 이런 부분이 획기적으로 개선되어 많은 사람들이 어설프게 사람하고 대화하는 것보다 더 사람 같다고 느낀다는 것이죠. 심지어 자신도 모르게 존댓말을 사용했다는 후기가 있을 정도로 대화하고 있는 GPT를 하나의 인격체처럼 느끼는 경우도 생겼습니다.

기존의 GPT-3는 텍스트를 입력해서 뒤에 어떤 텍스트가 이어질지 예상하는 방식으로 작동했었는데, 패턴이라는 것은 한계가 있기 마련이죠. 사람마다 스타일도 다르고요. 그러니까 맥락에 맞지 않는 어색한 대화가 이어지는 경우들이 생기는 겁니다. 그런데 GPT-3.5에서는 텍스트에 대한 사람의 판단을 함께 가르쳤다고 합니다. 자연스럽게 대화할 수 있는 것에 주안점을 두고 GPT-3.5를 설계했다는 것입니다.[10]

한국말은 아직 많은 데이터가 없기 때문에 조금 서툴지만 영어권에서는 사람 수준의 농담까지 하는 경우들이 있다고 합니다. 이렇게 자연스럽게 친구와 대화하듯이 챗봇을 사용하고 나서 남긴 사용자 후기들이 바로 GPT의 열풍을 만들어 내고 있는 것입니다.

메타Meta의 수석 인공지능 개발자인 얀 르쿤은 "구글과 메타는 물론 적지 않은 스타트업들이 Chat GPT와 기본적으로 매우 유사한 기술을 갖고 있다"면서 Chat GPT가 그다지 혁신적인 것은 아니라고 말했습니다.[11] 세상이 이렇게 떠들썩할 필요는 없다는 거죠. 경쟁사라고 할 수 있는 메타에서 근무하기 때문에 시기와 질투에서 나온 말 같기도 하지만, 꼭 그런 것만은 아닙니다. AI를 연구한 사람들이라면 공감할 수 있는 말입니다. 하지만 바로 여기에 얀 르쿤 같은 엔지니어들의 맹점이 있습니다. 기술적으로는 대단하지 않을 수 있어도, 대중들이 느끼는 감각은 다르다는 점입니다.

대중들은 최신 기술을 원하는 것이 아니라, 쉽게 접근할 수 있는 기술을 원합니다. 아무리 좋은 기술에 대한 설명을 해도 상대방이 알아듣지 못하는 용어만 나열한다면 대중과의 소통은 실패입니다. 과학자로 유명한 사람들이 그 분야에서 가장 잘하는 사람이 아니라, 그 분야의 지식을 대중들에게 쉽고 재미있게 전달할 수 있는 책을 쓴 사람들이었다는 것을 기억해야 합니다. 예를 들어, 『이기적 유전자』를 쓴 리처드 도킨스 같은 과학자는 그 분야에서 가장 최고의 전문가냐 하면 꼭 그렇지는 않습니다. '이기적 유전자'라는 개념을 처음 이 사람이 주장한 것도 아니고요. 하지만 대중들은 '이기적 유전자'에 대해 알고, 리처드 도킨스를 알고 있습니다. 그는 대중들이 그나마 접하기 쉽게 책을 쓸 수 있는 사람이었기 때문입니다.

Chat GPT의 엔지니어들은 세상을 떠들썩하게 할 수 있는 방향성이 무엇인지 안 것입니다. '도대체 그동안의 AI와 무엇인 다른가?'라고 묻는다면, 보다 사람처럼 말하고, 보다 사람스럽게 접근하게 되었다는 것입니다. 천재가 있는데 그동안에는 전혀 의사소통이 되지 않아서 무언가 이야기해줘도 사람들이 알지 못했지만, 이제 그 천재가 사람들의 의사소통 방법을 배우게 된 것이라고 비유할 수 있습니다. 대중들에게 맞춰서 말해주니, 대중들도 새로운 것들이 보이기 시작하는 겁니다.

Chat GPT는 이름에서 알 수 있듯 언어학습모델입니다. 바둑을 두 거나 산업현장에서 일하는 것에 비해서 언어로 다가오는 것은 가장 대중적인 파급력을 지녔죠. 그래서 Chat GPT를 통해 사람들은 AI가 사람을 이만큼 따라잡았다는 것을 직접 알게 된 겁니다. 진짜 놀라운 것은 이제 그 충격이 시작일 뿐이라는 데에 있습니다.

Chat GPT는 시작부터 알파고와는 다르다
...

알파고 열풍과 다른 점을 하나 더 들자면 알파고는 '이세돌 9단과의 대결'이라는 쇼를 통해 컨벤션 효과를 누렸다는 것입니다. 특히 이세 돌 9단의 대국을 생방송으로 지켜본 한국에서는 더욱더 큰 충격을 받 았죠. 그래서인지 한국에서는 AI와 4차산업에 대한 관심이 엄청 높아 졌지만, 정작 세계적으로는 그렇게까지 주목받지 않았습니다. 4차산 업혁명의 모호함에 대해 아직도 회자될 정도로 한국적 유행에 가까운 면이 분명 있었습니다.

하지만 Chat GPT는 쇼가 아닌 대중의 입소문에 의해서 흥행하고 있습니다. '장난이 아니더라'라는 사용 후기를 본 사람이 자신도 Chat GPT를 사용해보고 (인터넷에 Chat GPT를 치면 바로 사이트에 들어갈 수 있을 정도로 접근성이 좋습니다.) '진짜 장난이 아니더라'는 후기를 계속 확대 재생산하고 있습니다. 앞서 알파고가 영화 개봉 전 이벤트로 큰 관심을 끌어 영화 흥행에 성공한 셈이라면, Chat GPT는 입소문으로 영화가 흥행에 성공한 것이나 마찬가지인 겁니다. 예를 들어, 톰 크루즈가 내한해서 영화 홍보를 하고 간 끝에 영화가 흥행한 것이 아니라, 본 사람들이 좋다고 입소문을 내서 영화가 흥행했다는 얘기입니다. 전자는 영화의 내용이 별로일 수도 있습니다. 하지만 후자는 영화의 내용이 절대로 별로일 수가 없겠죠. 외부적인 요인이 아닌 바로 그 내용 때문에 흥행에 성공했기 때문이니까요. GPT는 알파고와는 달리 '사용 후기에 의한 입소문'을 타며 번지고 있기에 충격이 훨씬 크고 깊은 것입니다. 그래서 관심도 세계적인 것이고요.

Chat GPT에 사용 후기가 달린다는 것은 대중들이 Chat GPT를 실제 이용했다는 뜻입니다. 이것을 전문가들은 'AI가 최초로 프로덕트Product 형태로 나온 것이 Chat GPT 쇼크의 큰 원인이었다'는 말로 표현하기도 합니다. 어려워 보이지만 간단하게 말하면, Chat GPT는 상품 형태로 나와서 일반 대중들이 자연스럽게 사용할 수 있다는 것입니다. 당장 학생들이 과제에 바로 적용할 수 있고, 비즈니스맨들은 제안서를 작성할 때 특별한 교육을 받지 않아도 Chat GPT를 사용해 얼마든지 만들 수 있습니다. 알파고가 아무리 관심을 끌었어도 일반 대중들이 직접 활용할 수 있는 방법이 없었고, 나중에 바둑 프로그램 같은 것이 나오긴 했지만, 범용적인 쓰임새가 아니었기 때문에 대중적인 사용은 없었습니다. 그러나 Chat GPT는 대중들이 바로 접할 수 있었고, 그에 따른 사용 후기가 그 증거였습니다. 무엇보다 Chat GPT를 활용하는 다양한 방법들이 공유되기 시작하며 Chat GPT는 대중들이 먼저 인정한 AI가 되었습니다. 도대체 대중들의 자발적인 환호성을 이끌어 낸 Chat GPT는 뭐가 그렇게나 다른 것인지 구체적으로 살펴보도록 하겠습니다.

구글에서
코드 레드가 발동된 이유

검색과 큐레이션의 시대가 저문다

Google is done

...

'Google is done(구글은 끝장났다)'라는 이 자극적인 제목은 유튜브 어그로가 아닙니다. Chat GPT가 공개된 2022년 12월 2일에 영국 유력 일간지 인디펜던트에 실린 기사의 제목입니다.

실제로 뉴욕타임스나 포브스, CNET 같은 유력지들은 2022년 12월 말에 구글의 CEO인 선다 피차이가 Chat GPT가 제기하는 위협

인디펜던트지에 실린 Google is done 기사[12]

에 대응하기 위해 구글의 AI 전략을 뒤집기 시작했다는 기사를 내보 냈습니다. 'A New Chat Bot Is a Code Red for Google's Search Business(새로운 챗봇은 구글 검색 비즈니스의 적신호)'[13]라는 이 제목은 뉴욕타임스의 기사 제목입니다. 왜 챗봇이 검색의 대안이 되는 것일까 요? 게다가 한국에서 아무리 네이버가 뜨고, 일본에서 야후재팬이 떠 도 눈 하나 깜짝 안 하던 구글이 고작 베타테스트가 발표된 챗봇 하나 때문에 비상이 걸렸다네요. 이유는 Chat GPT가 검색의 판을 바꿀 수 있는 기술이어서입니다.

폴라로이드는 즉석사진기를 만드는 회사였습니다. 사진을 찍자마 자 즉석에서 인화해주는 사진기인데, 폴라로이드 제품이 워낙에 유명 했기 때문에 회사 이름인데도 마치 보통명사처럼 즉석사진기를 다 폴라로이드 카메라라고 부를 정도의 압도적인 영향력을 자랑했습니다. 그런데 디지털 사진기가 나오면서 사진을 그 자리에서 확인해가면서 찍을 수 있는 기술이 보급되자 결국 폴라로이드는 파산하게 됩니다.[14] 2008년에 최종 파산했으니 스마트폰과의 경쟁까지는 가지도 못했죠. 만약 폴라로이드가 '꽉 잡고 있던' 필름으로 인화하는 즉석사진기 시장에 새로운 경쟁자가 등장했다면 폴라로이드의 아성을 무너뜨리긴 힘들었을 겁니다. 실제 코닥 같은 경우 즉석사진기 시장에 들어왔다가 폴라로이드와 특허권 분쟁 싸움에 져서 사업을 접기도 했었죠.[15] 디지털 사진기는 즉석에서 사진을 확인한다는 결과는 비슷한 듯 보이지만, 그 구조와 접근이 즉석사진기와는 완전히 다릅니다. 패러다임이 바뀐 것이죠. 게다가 디지털 사진기가 사용하기에 훨씬 편리합니다. 바로 이런 교훈을 알기 때문에 구글은 코드 레드를 발동할 수밖에 없는 것입니다.

Chat GPT는 검색의 판을 바꿉니다. "비 오는 날 어울리는 음악 20곡만 추천해줘"라고 말하자마자 순식간에 20곡의 음악이 추천되었는데 사용자가 또 이렇게 묻습니다. "방금 네가 추천해준 음악 중에서 밝은 분위기의 노래들을 추려줄래?" 그러자 문제없다고 하면서 Chat GPT는 두 곡을 골라줍니다.

일반적인 검색에서 두 번째 질문은 있을 수가 없습니다. "두 곡 중에

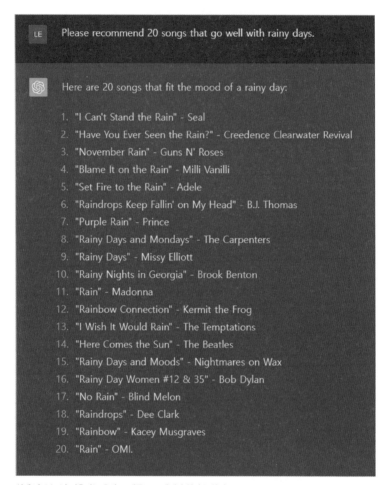

LE   Please recommend 20 songs that go well with rainy days.

Here are 20 songs that fit the mood of a rainy day:

1. "I Can't Stand the Rain" - Seal
2. "Have You Ever Seen the Rain?" - Creedence Clearwater Revival
3. "November Rain" - Guns N' Roses
4. "Blame It on the Rain" - Milli Vanilli
5. "Set Fire to the Rain" - Adele
6. "Raindrops Keep Fallin' on My Head" - B.J. Thomas
7. "Purple Rain" - Prince
8. "Rainy Days and Mondays" - The Carpenters
9. "Rainy Days" - Missy Elliott
10. "Rainy Nights in Georgia" - Brook Benton
11. "Rain" - Madonna
12. "Rainbow Connection" - Kermit the Frog
13. "I Wish It Would Rain" - The Temptations
14. "Here Comes the Sun" - The Beatles
15. "Rainy Days and Moods" - Nightmares on Wax
16. "Rainy Day Women #12 & 35" - Bob Dylan
17. "No Rain" - Blind Melon
18. "Raindrops" - Dee Clark
19. "Rainbow" - Kacey Musgraves
20. "Rain" - OMI.

실제 비 오는 날 어울리는 음악 20개를 GPT에게 추천받은 화면

서 2020년 이후의 노래는 없어?"라고 세 번째 질문도 했는데 답은 "없다"였습니다. 대화형 검색은 그냥 키워드로 검색하는 것보다 훨씬 '인

구글에서 '비 오는 날 어울리는 음악'이라는 이름으로 검색한 화면

간적'입니다. 키워드를 잘 몰라도, 천천히 범위를 좁혀가면서 찾아가면 됩니다. 물론 대화할 때 구체적으로 알수록 원하는 대답을 빨리 얻겠지만, 그렇지 않더라도 대화해서 찾아가는 과정에서 우연히 발견되는 것들도 재미있습니다. "포털 사이트에서 '비 오는 날 어울리는 음악'으로 검색하면 되는 거 아니야?"라고 생각하실 분도 있으실 겁니다. 그렇게 검색했을 때는 어떤 결과를 얻게 될까요?

화면의 일부이지만, 이렇게 끝도 없이 '비 오는 날 어울리는 음악'이라는 이름으로 검색된 갖가지 정보를 얻게 되실 겁니다. 문제는 검색 결과가 너무 많다는 것입니다. 그러면 이 중에 어떤 게 검색자가 만족하는 음악일까요? 첫 페이지에 뜬 결과라고 해서 개인의 취향에 다 맞지는 않을 것입니다. 하지만 Chat GPT는 이어지는 대화를 통해서 음악을 바꾸거나 취향을 좁혀갈 수 있습니다. Chat GPT의 장점 중 하나는 앞에서 한 대화의 맥락을 기억할 수 있다는 것이니까 이런 방법이 편해진다면 검색의 방법이 바뀌게 될 것입니다. 대화를 하면서 하나하나 찾아가는 식인 거죠.

검색의 가장 큰 문제이자 구글에서 코드 레드를 선언할 수밖에 없는 지점이 바로 이것인데, 기존의 검색에서는 다양한 정보가 뜨다 보니 그 안에 광고가 들어갈 수 있었습니다. 특히 검색해서 먼저 뜨는 블로그나 카페들은 스마트스토어에서 판매하는 상품들을 홍보하는 장으로 활용되는 경우가 많았습니다. 때로는 사회적인 이슈를 검색해서 들어간 블로그에서조차 화장품을 사라는 메시지를 받기도 합니다. Chat GPT는 이런 의도적인 잘못된 만남을 원천적으로 차단합니다. 그러니 검색 결과 상위에 뜨는 키워드 광고로 유저들을 유인하는 방법은 무용지물이 됩니다.

포털 사이트들이 큰 수익을 얻는 방법 중에는 배너 광고도 있습니다. 원하는 결과를 얻기 위해서 클릭을 많이 할수록 배너 광고는 더 자주 노출될 수 있습니다. 배너 광고 역시 Chat GPT가 검색의 방법으로 많이 활용되면 살아남기 힘듭니다. 원하는 결과를 찾을 때까지 이 사이트 저 사이트를 클릭할 필요가 없어지기 때문입니다.

가짜 뉴스는 어떻게 될까?

...

가짜 뉴스에 대해서도 생각해볼까요? 우리가 가짜 뉴스를 접하는 방식 중 하나는 포털의 검색을 통해서입니다. 가짜 뉴스들은 정치적이나 사회적 이슈와 연계된 것들도 있지만, 조금 더 생활 밀착형으로 '광고'라는 이름의 가짜 뉴스도 많습니다. 이런 경우는 '뉴스'라기보다는 '정보'라는 표현을 쓰는 게 더 맞을 듯한데, 우리를 속이는 가짜 정보 중에서 대표적인 것은 맛집 사이트의 가짜 리뷰 같은 것들입니다.

키워드를 검색해서 사이트에 찾아 들어가 사용자가 직접 판단을 해야 하기 때문에, 리뷰 같은 것이 필요한 겁니다. 진짜 맛있는지, 상품은 괜찮은지, 배송은 빠른지 이런 것들을 업체의 광고 문구만이 아니라, 같은 사용자의 후기로 확인하는 것입니다. 하지만 그 후기 중에 진실은 얼마나 될까요? 후기 이벤트로 무언가를 바라고 쓴 후기가 과연 진실할 수 있을까요? 경쟁 업체가 고객으로 위장해 부정적인 댓글을 남긴 경우는 없을까요? 학원계에서는 '댓글 알바'를 활용해 경쟁 학원 강사들을 비방하는 일들이 비일비재합니다. 선거 때만 되면 정치권에서는 댓글 조작이 이슈가 되기도 합니다. 하지만 국내 포털들은 댓글을 없애지 않습니다. 개선한다고 선포할 뿐이죠. 가장 큰 이유는 광고 수익입니다. 댓글 서비스가 유저들을 플랫폼에 더 오래 머물게 하는 주요 수단이라고 인지하기 때문입니다.[16] 가짜 리뷰나 악플 같은 것은 검색의 시대가 만들어낸 그림자입니다. 하지만 Chat GPT의 시대에서는 이런 가짜 정보를 접할 일이 없을 것입니다.

알고리즘의 은혜를 입는다
...

키워드 검색을 하면 그 키워드와 관련 있는 수많은 정보가 눈앞에 펼쳐집니다. 홈페이지 자체가 몇 개 없던 시절에는 이런 검색 방식도 유용했지만, 이제는 너무나 많은 정보가 나열된다는 것이 문제가 됩니다. 선택장애에 시달릴 수밖에 없거든요. 그래서 나온 것이 정보 큐레이션입니다. 사실 포털 사이트들도 검색해서 나온 관련 정보를 일정한 알고리즘을 통해서 차례대로 나열해주니까 큐레이션을 하는 셈이거든요. 예전에는 키워드 일치율이 높은 것만 검색 상위에 배치하면 되었지만, 문제는 마케팅이 자꾸 끼어들어 온다는 것입니다.

좀 오래된 방법이지만, 검색에 잘 걸리게 하기 위해 네이버 블로그에 하얀색으로 키워드를 잔뜩 써넣기도 했었습니다. 예를 들어 '달팽이 크림'을 광고하고 싶으면, 블로그에 소개 글을 쓴 다음 '달팽이 크림'이라는 단어를 몇백 개, 몇천 개를 복사해서 하얀색 글자로 집어넣는 겁니다. 유저들에게는 그저 여백이 넉넉하게 있는 것처럼 보이지만, 사실 다 글자입니다. 유저 눈에는 보이지 않지만 알고리즘 일치율을 높이려고 이런 식의 꼼수를 부렸던 겁니다.

그러다 보니 포털 사이트들도 자꾸 알고리즘을 진화시킵니다. 그런 반복은 오히려 마케팅일 가능성이 많으니 피하게 만드는 새로운 알고리즘을 설정하게 되는 것이죠. 알고리즘은 포털 사이트의 최고 비밀이며, 일정한 주기로 바꿔야 하는 아주 중요한 보안 사항입니다. 이 알고리즘이 외부에 노출되면 갖가지 마케팅 툴들이 이에 맞춰서 세팅되기 때문에, 일반 유저들이 검색을 하면 상단에는 마케팅의 부산물들만 노출되는 결과가 나오게 되거든요. 그래서 큐레이션의 알고리즘을 감출 수밖에 없는데 그렇게 되면 '도대체 무슨 근거로, 누가, 왜 그렇게 큐레이션했나'에 대한 의심을 끊임없이 받을 수밖에 없습니다. 그런 것이 포털 사이트들의 '음모론', '조작론'이 끊임없이 제기되는 이유입니다.

유튜브 창작자들 사이에 '알고리즘의 은혜를 입는다'는 표현이 있습니다. 유튜브의 경우 첫 번째 화면에 추천 영상으로 많이 노출되면 당연히 클릭이 많아질 수밖에 없고, 클릭이 또 구독자 증가로 이어지기 때문입니다. 자신의 채널에서 어느 순간 평소보다 눈에 띄게 많은 조회가 일어나고, 그것이 구독자 수 증가로 이어질 때 '알고리즘의 은혜를 입었다'고 합니다. 유튜브라는 거대 기업이 '은혜를 내려주는' 단체가 된 거죠. 사정이 이렇다 보니 실제로 이 거대 기업들이 특정한 의도를 가지고 특정 페이지를 첫 번째 검색결과에 노출할 가능성은 얼마든지 있습니다. 그것이 정치적 문제가 될 때도 있고, 아니면 기업의 이익과 직결되는 이슈일 때도 있죠.

사람보다 기계를 더 신뢰하는 사람들
...

Chat GPT는 이런 문제를 일거에 해결할 수 있습니다. Chat GPT를 활용한 검색결과는 깔끔하거든요. 질문이 한 개면 답도 한 개입니다. 가짜 정보와 뒤덮여서 선택장애를 일으키기 쉬운 요즘, 오히려 이런 로직이 깔끔하게 느껴집니다. 문제는 그 대답의 신뢰성인데, 그것을 대화하면서 맞춰 가는 것이죠. 그리고 어차피 지금 검색해서 뜨는 결과 역시 알고 보면 AI가 작동하고 있습니다. 알고리즘에 의해서 맞춰진 AI가 검색결과를 조정하죠. 이때 AI들이 따르는 알고리즘은 거대 기업들이 기준을 세팅해 놓은 것입니다. 그런데 Chat GPT의 알고

국민 10명 중 5명은 만약 본인이 재판을 받는다면 인공지능AI 판사에게 받고 싶다고 답해
(단위: %)

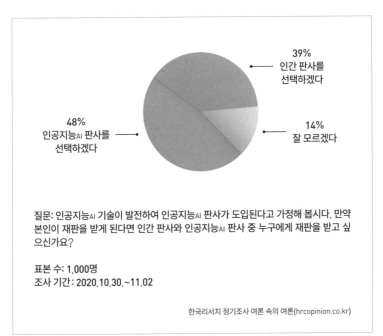

39%
인간 판사를
선택하겠다

14%
잘 모르겠다

48%
인공지능AI 판사를
선택하겠다

질문: 인공지능AI 기술이 발전하여 인공지능AI 판사가 도입된다고 가정해 봅시다. 만약 본인이 재판을 받게 된다면 인간 판사와 인공지능AI 판사 중 누구에게 재판을 받고 싶으신가요?

표본 수: 1,000명
조사 기간: 2020.10.30.~11.02

한국리서치 정기조사 여론 속의 여론(hrcopinion.co.kr)

리즘은 강화학습이라서 스스로 진화합니다. 그러니까 기업들이 의도한 대로 흘러가지 않을 수도 있습니다. 보통 사람들은 그래서 차라리 기계를 믿죠.

조금 결이 다르긴 하지만 2020년 하반기에 한국리서치에서 조사한 설문이 있었습니다. '만약 본인이 재판을 받게 된다면 인간 판사와 AI 판사 가운데 누구에게 재판을 받고 싶은가'에 대한 설문이었죠. 놀랍게도 전체 응답자의 48%가 AI 판사를 택했고, 인간 판사에게 받겠다는 응답은 39%에 그쳤습니다.[18] 사람들은 인간의 의도가 들어간 판단과 기계의 판단 중에서 차라리 기계의 판단이 더 공정하고 원칙에 맞으리라 기대한다는 겁니다.

게다가 사람들은 의심되는 포털 사이트의 검색결과보다 Chat GPT의 대답에 더 신뢰를 가질 수 있게 되고, GPT가 조금 더 발전해서 세상과 소통을 한다면 GPT의 대답에 대한 신뢰감은 수직 상승할 수 있습니다. 사실 지금의 Chat GPT는 2021년 결과만 가지고 학습을 한 것인 데다가, 온라인 세상에 직접 연결되어 정보를 수집하는 게 아닙니다(대신 구글에서 나오는 AI 바드는 온라인 세상과 연결한다고 하죠).

Chat GPT든 다른 AI 모델이든 간에 현재의 온라인 세상과 연결이 되어서 실시간 정보가 반영되고, SNS의 정보에도 연동이 되면 로그인해서 들어온 개인의 정보도 취득할 수 있습니다. 그래서 이런 질문과 대답이 가능해집니다.

"오늘 경희대 앞에서 점심 먹을 예정인데 뭐가 좋을까?"

"아무래도 오늘은 날씨가 흐리고 기온이 낮으니 따뜻한 국물이 있는 것이 나을 것 같고, 평소 당신의 취향을 고려하면 매운 것을 선호하니 육개장이나 짬뽕밥 같은 것이 좋겠는데, SNS를 보니 육개장은 이틀 전에 먹어서 오늘은 짬뽕밥을 추천합니다. 그런데 요즘 지출이 좀

과한 편이니 백종원의 홍콩반점을 추천해요."

GPT가 온라인 세상에 실시간으로 연결된다는 것은 이런 뜻입니다. 식당 정보, 날씨나 기온에 따른 기호변화, SNS에서 파악한 평소의 취향 그리고 어제, 그제 어떤 것을 먹었는지 등 여러 가지 정보를 종합해서 추천해주게 된다는 것이죠. 그러니 추천이 마음에 들지 않을 수가 없습니다. 혹시 마음에 안 든다면 간단해요. 이렇게 되물으면 됩니다.

"짬뽕밥은 싫고, 다른 거 없어?" 그러면 Chat GPT는 이렇게 대답할 겁니다.

"까다로우시군요. 그럼 일단 객관식으로 일식, 양식, 중식, 한식, 이탈리아식 중에서 골라보세요."

이거 왠지 어제도 직장 동료들과 한 대화 같지 않나요?

그래도 준비는 되어 있다
...

검색결과를 제공해서 광고 수익을 가져가는 구글이 Chat GPT에 코드 레드를 발동한 이유는 바로 이렇게 검색의 방법이 근본적으로 바뀌면서, 그동안 쌓아왔던 돈을 벌 수 있는 경로와 프로세스를 완전히 뒤엎어버렸기 때문입니다. 그동안 포털 사이트의 검색이 가졌던 문

기업명	대표 초거대 AI	학습 매개변수 (파라미터)	주요 특징
오픈AI	GPT-2	15억	*언어생성, 번역, 검색, 기사 작성 등
	GPT-3	1750억	*기존 모든 기능 고도화, 프로그래밍
	GPT-4	100조(추정)	*2023년(예정)
MS	MT-NLG 530B	5300억	*초대형 언어모델
구글	스위치 트랜스포머	1조 6000억	*최초 조 단위 파라미터 모델 *연구자에게 논문과 소스코드 형태로 제한적 공개
메타	RoBERTa	3억 5500만	*언어생성, 번역, 검색, 기사 작성 등
베이징 지위안 인공지능연구원	우다오 2.0	1조 7500억	*기존 모든 기능 고도화, 중국어와 이미지 생성
네이버	하이퍼클로바	2040억	*국내 기업 최초 자체 개발 인공지능 모델 *GPT-3보다 6500배 많은 한국어 데이터 학습
카카오	KoGPT	60억	*한국어 특화모델
	MinDALL-E	300억	*이미지 생성 등 멀티 모달
LG	엑사원	3000억	*언어, 이미지 이해·생성, 데이터 추론

초거대 AI 보유 기업 정리[19]

자료: 소프트웨어정책연구소, 미래에셋증권 취합

제들도 사실 해결책이 있음에도 시행하지 않았던 이유는 결국 수익과 직결되기 때문이었거든요. 하지만 이제는 근본적인 변화에 직면해 있기에 포털들은 어떻게 적응하느냐를 결정해야 합니다.

많은 미디어에서 Chat GPT를 아이폰이 처음 나왔을 때의 충격에 맞먹는다고 비교하는 것[20]은 바로 이러한 지점 때문입니다. 피처폰에서 스마트폰으로 넘어가는 것은 전화기에서 휴대용 컴퓨터로 바뀌는 것과 같은 아주 근본적인 변화였거든요. 하지만 피처폰으로 전 세계 1등을 장악하고 있던 노키아는 그런 변화에 적응하지 못하고 사라졌습니다. 덩치 큰 공룡이 새로운 변화에 적응하지 못하고 멸종되어갔던 것처럼 말입니다. 노키아의 교훈을 알고 있는 사람들은 (그래 봐야 10여 년 된 이야기니까 현재 비즈니스 리더들은 매우 가까이서 그 멸종의 순간을 보았습니다.) 패러다임의 변화를 놓쳐서는 안 된다는 것을 잘 알고 있습니다. 그리고 지금의 Chat GPT가 검색의 패러다임을 뒤바꿀 잠재력을 가진 기술이라는 것도 인식하고 있죠. 사실 기존의 대기업들이 AI 기술들을 안 가지고 있던 게 아닙니다.

몇몇 AI들은 Chat GPT보다 파라미터 면에서 더 우수한 하드웨어를 가지고 있기도 해요. 하지만 대기업들은 제한적 공개와 테스트를 진행해왔습니다. 자칫 불완전한 AI를 공개해서 인종차별, 성차별 논란에 시달리는 리스크를 가지느니 차라리 안전하게 가자는 평판관리를 했던 것입니다. 아니면 기존 검색 시장의 판을 바꿀 기술이니, 검색 시장에서 우위를 차지하고 있는 위치의 기업들이, 공개하기를 꺼려했던 것일 수도 있습니다. 코닥이 디지털 사진기를 초창기에 개발하고도, 필름 공급의 수익모델이 없어질 게 두려워 디지털 사진기 개발에 소극적이었던 것처럼 말이죠.

하지만 이제는 빅테크 기업들도 적극적인 행보에 나서고 있습니다. 당장 마이크로소프트사는 Chat GPT 개발 기업인 Open AI에 원래 10억 달러를 투자했었는데 추가로 100억 달러를 더 투자하기로 했습니다.[21] 100억 달러면 12조 원이 넘는 돈입니다. 그래서 마이크로소프트는 자사의 검색엔진인 '빙'에 Chat GPT를 탑재함으로써 구글에 밀렸던 검색 시장에 새로운 판을 깔려는 것입니다.

구글도 가만히 있지 않죠. 2023년에 대화형 챗봇 AI를 포함해서 20개 이상의 AI 제품을 대거 공개하며 기술 주도권을 되찾겠다는 방침입니다. 그리고 기존에 AI 제품이 윤리적으로 타당한지 검토하는 단계가 꽤 오래 걸렸었기 때문에 '그린 레인' 제도를 도입해 이 시간을 단축할 예정입니다. 빠른 출시가 필요하니까요. 메타 역시 기존에 개발한 AI를 보다 공격적으로 시장에 내놓겠다는 계획을 내놓았습니다.[22]

책에서 영상으로…

...

검색이 구글에서 생성형 AI로 넘어간다는 것을 역사적인 사건에 비

구글, 네이버	현재의 Chat GPT	음성으로 움직이는 Chat GPT
책	라디오	영상

유해서 보자면 정보의 전달방식이 책에서 영상으로 바뀌는 것과 비슷합니다. 기존의 검색 방법은 능동적으로 정보를 찾을 수는 있지만 대신 수많은 책을 봐야 하고, 읽는 수고를 들여야 했습니다. 대신 영상은 수동적인 정보 취득방법이지만, 하나의 정보를 정확하게 전달해줍니다. 그러나 다양한 의견이나 또 다른 견해, 비판적으로 볼 부분 같은 것은 없죠. 선별되어서 정리된 하나의 정보를 줄 뿐이거든요. 그런데 현대의 사람들이 주로 어떤 방법으로 정보를 취득하는가를 보면, 이 흐름이 어디로 갈지 확실히 알 수 있습니다.

사실 지금 Chat GPT는 영상이라기보다는 라디오에 가깝습니다. 역시 수동적이고 일방적인 정보를 취득하는 방법이지만, 영상보다는 불편하고 생동감은 조금 떨어집니다. Chat GPT가 문자를 통해서 사람과 소통하기 때문인데, 이 소통 방법이 음성이 되는 순간, 영상으로 진화한 셈이 됩니다.

출판사였던 구글은 방송사로 바뀌지 않으면 세계 1등 자리를 내놓을 수밖에 없습니다. 다행히 콘텐츠는 많은 데다가, 기술도 있긴 하거든요. 대신 빠르게 주력 상품을 바꿔서, 비즈니스 모델을 대체해야 할 때입니다. 이것이 우리가 쉽게 이해할 수 있는 구글 코드 레드의 정체입니다.

바보야, 문제는
Chat GPT가 아니야

플랫폼이 바뀐다

Chat GPT, 40일 만에 사용자 1,000만 명

...

기존에도 AI연구들이나 결과들은 꾸준히 있었습니다. 그런데 유독 Chat GPT가 대중적으로 충격을 주고 있는 이유는 바로 '대중적'이기 때문입니다. 대중들이 이용하기 편하게 되어 있고, 사용이 직관적이에요. 그리고 언어 모델이다 보니 여러 언어로 접근이 가능해서 영어권 사용자가 아니어도 쉽게 시작할 수 있습니다.

Chat GPT 시작화면 [23]

　Chat GPT는 누구나 한 번의 클릭만으로 접근할 수 있습니다. Open AI 홈페이지로 들어가서 제일 밑으로 가면 Chat GPT 항목이 있습니다. 그걸 클릭하든지 아니면 https://openai.com/blog/chatgpt/로 직접 들어가도 되고, 네이버에 Chat GPT라고 검색해 나온 결과물을 클릭해도 됩니다. 그러면 다음과 같은 시작화면으로 연결됩니다.

　여기서 TRY CHATGPT 단추를 누르면 바로 프롬프트가 나오고 질문을 입력할 수 있습니다. 물론 여러분이 이 책을 볼 때쯤에는 다른 디자인으로 바뀌어 있을 수도 있지만, 제가 전달하고자 하는 핵심 맥락

월간 사용자 수 1억 명 도달 시간[24]

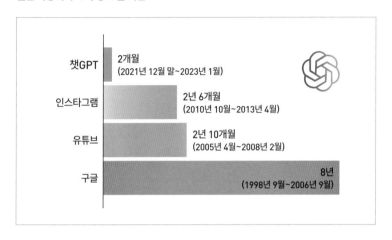

은 처음 보는 대중들도 매우 직관적으로, 비교적 손쉽게 사용할 수 있다는 것입니다. 그래서인지 Chat GPT의 사용자 확보 속도는 놀라울 정도입니다. Chat GPT 유저 100만 명을 모으는 데 걸린 시간이 단 5일이거든요. 인스타그램은 2.5개월, 페이스북은 10개월, 넷플릭스는 100만 명 모으는 데 3.5년이 걸렸습니다. 넷플릭스는 유료모델이니 그렇다 쳐도 무료인 인스타그램만 해도 2.5개월, 약 75일입니다.[25] 13배 차이입니다.

월간 사용자 수 1억 명에 도달하는 데에도 2개월밖에 걸리지 않았습니다. 인스타그램은 2년 6개월 걸렸는데 말입니다. 재미있게도 이때 역시 인스타그램과 Chat GPT의 차이는 13배였네요.

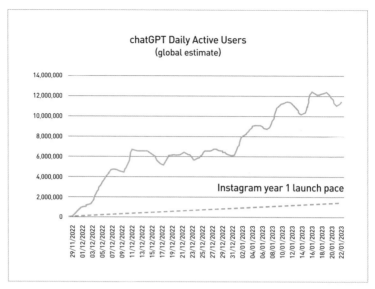

Chat GPT 하루 평균 일간활성이용자 추이

더욱 무시무시한 것은 DAUDaily Active Users입니다. 일간활성자수라고 하는데, 하루 동안 해당 서비스를 이용한 순수 이용자의 수를 말합니다.[26] 사용자 수는 호기심이나 마케팅 때문에 순간 늘 수도 있지만, DAU가 꾸준히 높은 지표를 나타낸다는 것은 사용자들이 이탈하지 않는다는 얘기입니다.

미국 자산운용사 아크 인베스트먼트의 브렛 윈튼 최고미래부문책임자가 "인스타그램이 하루 평균 일간활성이용자DAU 수 1천만 명을 넘기는 데 355일이 걸렸는데, Chat GPT는 40일 만에 이 수치를 달성했다"

고 밝혔어요. 2023년 1월에는 하루 1,200만 명이 이용하기도 했습니다[27] (무료 서비스는 먹통이 될 때가 잦습니다. 그래서 2023년 2월 1일에 Chat GPT Plus라는 유료화 모델이 발표되었는데, 피크타임에도 끊기지 않고 언제나 연결되는 것이 이 유료 서비스의 핵심입니다[28]).

Chat GPT의 하루 평균 일간활성이용자 추이 그래프를 보면 주식에서 흔히 말하는 우상향 그래프라는 것을 알 수 있습니다. 더 이상 오르지 못한다면 그건 서버 문제이지 관심 문제는 아닙니다. 호기심 때문에라도 들어가 보는 사람이 점점 늘고, 흔한 말로 아예 안 들어가 본 사람은 있어도 한 번만 들어가 본 사람은 없다는 사이트이거든요. AI와 말하고, 여러 가지 대답을 해주는 게 일단 재미있기 때문입니다.

Chat GPT의 숨겨진 진짜 힘

...

Chat GPT는 일단 개인들이 쉽게 이용할 수 있다는 인상을 주는 데 큰 성공을 거뒀습니다. 그동안 빅테크 기업들이 여러 가지 AI 서비스를 출시하기도 했지만, 이렇게까지 쉽게 접근할 수 있다는 인상을 준 AI 서비스는 없었습니다. 그림 그려주는 AI인 미드저니만 해도, 한국인들에게는 다소 생소한 디스코드에 가입해서 동작시켜야 했고, 한국어 사용도 불가능했습니다. NFT에 관심이 있어 투자를 해본 사람들에게는 디스코드가 낯설지 않지만, 이런 사람 자체가 많지는 않았으니까요.

대중들이 비교적 쉽게 Chat GPT에 접근할 수 있는 이유는 동작이 일상적인 대화로 가능하기 때문입니다. AI 스피커 같은 기존의 대화형 AI들은 사실 쌍방향 소통이 되는 대화라기보다는 몇 가지 입력된 명령어만 알아듣고 실행하는 스위치 내장의 기계였지, 대화를 한다는 느낌을 주지는 못했어요. 게다가 잘 알아듣지도 못해서 만날 엉뚱한 말만 하는 경우도 많았고요.

"아무리 그래 봐야 Chat GPT는 검색의 대체 아닌가요?"싶을 수 있습니다. 물론 기존의 검색 체계를 대체한다는 것이 엄청난 변화를 줄 수 있다는 이야기는 앞에서 했지만, 기능적으로 보자면 질문에 답해주고, 몇 가지 글 쓰는 일을 대신 해주는 정도 아닌가 하는 거죠. 하지만 그건 Chat GPT가 지금처럼 섬으로 존재할 때의 이야기입니다. Chat GPT의 잠재력은 검색의 대체 정도가 아닌, 스마트폰 생태계 같은 새로운 플랫폼에 있거든요.

우리들 각각의 자비스
...

Chat GPT를 대표로 이야기하지만, 제가 말씀드리는 것은 언어 기반의 AI모델 전체를 놓고 말씀드리는 것이나 마찬가지입니다. 이 언어 기반 AI들이 다른 프로그램과 연결된다면 엄청난 일이 벌어집니다. AI 스피커 써본 적 있으시죠? 저희 집 AI 스피커의 이름은 피노키오인데, 피노키오가 가장 많이 하는 일은 음악을 트는 일입니다. 하지만 AI 스피커 내에 음악이 있는 것은 아니고, 지니뮤직에서 가져오는 거죠. 그래서 지니뮤직에 가입이 되어 있어야 음악을 틀 수 있습니다. 이때 AI 스피커는 그 자신이 일을 한다기보다, 실제 음악이 있는 사이트에 연결하는 역할을 한다고 볼 수 있습니다.

여러분이 배트맨이라고 생각해볼게요. 밤에 나가서 자경단 활동하는 거 말고 그냥 부자라는 점만 생각해보죠. 요즘 조커가 하도 날뛰어서 신경을 안 썼더니 집 정원이 좀 엉망인 것 같아 집 정원을 정리하고 싶다는 생각이 들었습니다. 그러면 직접 정원사를 찾아 연락하지 않고 집사인 알프레도에게 이야기합니다. 그러면 알프레도는 알아서 그 일을 해 놓죠. 그런데 잘 가꾸어진 정원을 보니, 그 정원을 보며 맛있는 요리가 먹고 싶어집니다. 그런데 지금 요리사는 어째 손맛이 예전 같지 않습니다. 그러면 역시 집사인 알프레도에게 이야기합니다. 하지만 당장 요리사를 구할 수 없으니 배달의 민족에서(알고 보니 배트맨도 우리 민족이었군요.) 요리를 시킵니다. 이 역시 알프레도가 알아서 해줍

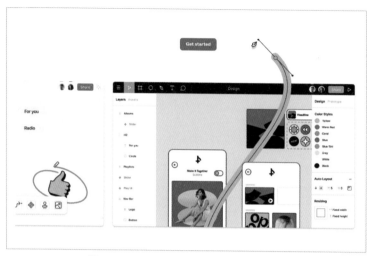

피그마 사이트의 첫 화면[29]

니다. 정원을 가꾸고, 요리를 하고 배민에서 주문하면, 그 일들은 각각 정원사와 요리사, 배달기사들이 실행하겠지만, 그들을 연결하고 일을 시키는 것은 집사인 알프레도죠.

 Chat GPT가 다른 응용프로그램들과 연결되면 바로 우리만의 알프레도가 되는 거예요. Chat GPT는 우리가 말하는 것의 의미를 파악할 수 있어요. 그래서 다른 프로그램을 구동할 때 명령한 사람의 의도대로 구동할 수 있는 거죠. 예를 들어, 홈페이지를 만드는 프로그램과 연결되면 여러분 말대로 꾸며진 홈페이지를 만들 수 있어요. '지중해 느낌이 나게 해줘' 같은 요구부터 '화려하지만 심플하게 해줘' 같은 부당

유튜브에 올라온 Chat GPT 유튜브 실사 영상 제작에서 업로드까지 자동화 영상[30]

한 요구까지 이러저러한 결과물들을 제시하며 '이건가요, 저건가요?'
물어볼 겁니다. 그리고 '옆에 시계를 달아주고, 사진을 조금 더 큼지막
하게 넣어주고, 게시판으로 바로 갈 수 있는 버튼을 첫 번째 화면에 넣
어줘'라는 요구에도 바로 반응할 수 있습니다. 사실 이런 것 전부 해당
프로그램에 들어가면 사용할 수 있거든요. 그런데 사용법을 익혀야 합
니다. 그래서 튜토리얼 영상을 보는 거잖아요. 그러나 조금만 고급 기
능으로 가도 사용법을 익히기가 쉽지 않습니다. Chat GPT와 홈페이
지 제작 프로그램이 연결되면 따로 홈페이지 제작 프로그램의 사용법
을 익힐 필요도 없이 GPT에 말로 요청만 하면 결과물이 나오는 세상

이 펼쳐질 것입니다.

그리고 이 얘기는 미래의 이야기가 아닌 지금 현재의 이야기입니다. Chat GPT 응용사례에 대해서 세계적으로 서로 정보를 나누고 있는데 그중에 대표적인 사례로 소개되고 있거든요. GPT-3에게 피그마 Figma라는 디자인 툴용 코드를 학습시킨 후 자연어로 명령했더니 웹사이트를 개발해줍니다. 일반 대중들도 말로 웹 개발과 수정을 할 수 있는 거죠. Chat GPT가 피그마 툴과 연동되어 있어서 가능한 일입니다.[31] 만약 우리가 아는 아임웹 같은 프로그램과 연동이 된다면 그것으로도 웹사이트 개발이 가능해질 것입니다.

이미 유튜브 영상을 Chat GPT로 자동화해서 만들고 업로드까지 하는 방법도 공유되고 있습니다. Chat GPT로 기본적인 대본을 만든 후에 그것을 신시아Synthia라는, AI 휴먼에 인공지능으로 입 모양을 맞춰서 영상을 만들어 주는 프로그램과 연계하는 것입니다. 자동화라는 것이 연결하고 업로드하는 동작들까지 전부 제어할 수 있게 세팅하는 것이기 때문에, 이 연계성이 조금 더 좋아지면 "요즘 유행하는 주제로 8분 정도 영상 만들어서 유튜브에 올리고, 그중에 1분만 편집해서 쇼츠나 릴스에도 올려줘. 돈 좀 벌게"라는 요구도 가능할 것 같습니다.

이런 식으로 Chat GPT와 연동되는 프로그램, 소프트웨어, 프로세스, 하드웨어들이 늘어난다면 어떻게 될까요? 새롭게 무언가를 만드는 것이 아니라, 이미 있는 것들과의 연계성만 구축해 놓아도 됩니다. 스마트 홈의 전원을 켜고 끄는 것은 물론이고, 말로 설명하면 3D프린터로 인쇄해서 실제 물건을 눈앞에 가져다줄 것이며, 요리 로봇에게 일주일 전에 해줬던 맛과 똑같은 떡볶이를 해 달라고 요구할 수도 있습니다. 기술과 재료와 돈만 있다면 명령만으로도 아이언맨 수트를 제작해 줄 수 있을 거고요. 바로 그게 아이언맨의 AI 집사인 자비스입니다. 그러니까 Chat GPT는 개인화된 비서, 집사의 역할을 하게 되는 것이죠. 조금 더 전문적으로 말하자면 Chat GPT가 API 역할을 하게 되는 겁니다. API는 'Application Programming Interface'의 줄임말입니다. 이때 애플리케이션이라는 단어는 고유한 기능을 가진 모든 소프트웨어를 나타내고, 인터페이스는 두 애플리케이션 간의 서비스 계약이라고 할 수 있습니다.[32]

하지만 역시 자비스가 더 마음에 들죠. 아이언맨 영화를 보면 자비스 이름이 계속 나옵니다. "자비스 여기서 얼마나 걸리지?", "자비스, 앞에 보이는 빌딩 바로 계약 체결해줘", "자비스, 설계한 거 홀로그램으로 띄워봐"와 같이 아이언맨은 거의 모든 것을 자비스에게 부탁합니다. 왜냐하면 자비스는 직접적으로 그런 역할을 하는 프로그램들과의 가교이니까요. 어떻게 보면 Chat GPT는 사람과 기계 사이에서 의사소통을 담당하는 통역기라고도 할 수 있겠습니다.

코딩 자체가 필요 없어지는 순간

...

Chat GPT를 통역기라고 생각하면 재미있는 인사이트 하나가 나옵니다. 우리가 보물찾기를 하는데, 알 수 없는 암호가 발견되었다고 해보겠습니다. 해독이 어려운 우리는 자비스에게 명령을 합니다. "사람이 깃발을 들고 있는 모양을 E라고 하고, 누워 있는 모양은 I라고 하고 알파벳을 넣어봐", "이상한데, 그러면 알파벳을 두 칸씩 미뤄서 적용해 볼까?" 이런 식으로 이리저리 맞추다 보면 결국 암호를 해독할 수 있을 것입니다. 말하는 대로 인식하고 눈앞에 그래픽으로 보여주니 일이 훨씬 빠릅니다. 역시 자비스예요. 그런데 자비스가 이런 일을 해 줄 때, 생각해보면 이건 코딩의 영역입니다. 코딩으로 재빠르게 프로그램을 만들어서 실행한 것이죠.

지금 Chat GPT의 기능 중 대표적인 것이 바로 코딩을 할 수 있다는 것입니다. 기계를 동작하는 언어인 코드를 기계가 직접 작성해 주는 게 신기하다 보니, '앞으로 발전하면 개발자의 일이 줄어들겠다고' 라고 생각하시는 분이 많더라고요. 그런데 조금 더 생각해보면 줄어드는 정도가 아니라 코딩을 하는 개발자 직무 자체가 없어질 수도 있다는 것을 알 수 있습니다. 코딩이라는 것은 사람이 의도한 일을 기계가 알아들을 수 있게 하는 프로그래밍 언어를 만들어 주는 일이지만, 사실 진짜 기계어는 1과 0입니다. 기계어는 이진수로 되어 있는데 이진수로 하면 우리는 한눈에 알 수도 없고, 일단 너무 길어지니 정상적인 소통이 불가능하거든요. 그래서 기계와 소통할 수 있는 언어를 만들어서 그것으로 소통하는 겁니다.

그런데 Chat GPT에서 다른 기계로 소통을 하고 그것에 대해서 사람이 개입하지 않는다면 굳이 파이썬이나 자바, C# 같은 프로그래밍 언어로 바꿀 필요가 없습니다. 그대로 0과 1의 기계어로 전달하면 됩니다. 기계에서 기계로 가는데 굳이 코딩을 한다는 것은 인간 중심 사고의 맹점이라고 할 수 있죠. 이 전달의 과정이 매우 자연스럽게 잘 이루어진다면 인간이 코딩을 들여다볼 필요가 없어지게 됩니다. 기계가 기계를 디자인하고 설계하는 단계에 이르고, 나중에는 인간이 이해하지 못하는 프로세스로 다른 기계를 효율적으로 동작시킬 수도 있을 겁니다. 레이 커즈와일은 『특이점이 온다』에서 AI가 특이점을 넘어가면 AI가 디자인한 기계는 인간의 이해를 초월하기 때문에, 마치 마술같이 느껴질 것이라고 이야기한 적도 있습니다.[33] 이때가 되면 인간은 기술을 가지고 싶어도 가지지 못합니다. 이용만 할 뿐이죠.

거의 모든 것을 Chat GPT에게 명령할 수 있다?
...

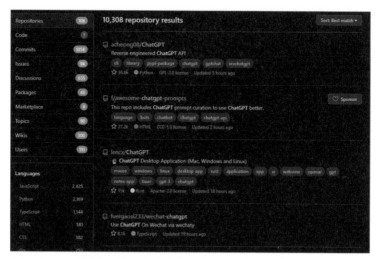

깃허브에 Chat GPT와 연결해서 제공되는 서비스를 모아놓은 디렉토리[34]

깃허브GitHub는 개발자들의 공동 작업을 위한 플랫폼입니다. 개발자들은 여기서 정보를 나누고 최신 기술들을 공유합니다. 이 깃허브에 Chat GPT와 연결해서 제공되는 서비스를 모아놓은 디렉토리가 있는데, 2023년 2월 16일 기준으로 총 10,308개의 결과가 있습니다. 놀라운 것은 불과 3주 전인 2023년 1월 24일에 이 수는 5,579개였고, 며칠 만에 5,000개 정도가 더 늘었다는 점입니다.

이처럼 Chat GPT를 다른 프로그램이나 서비스와 연결하려는 시도가 이미 활발하게 이루어지고 있는데, 이 속도는 더욱 빨라질 것입니다. 그리고 조금 더 파급력 있는 플랫폼이나 프로그램들과 연결이 되면 Chat GPT가 할 수 있는 일은 비약적으로 커질 것입니다. 당장 투자사인 마이크로소프트와 협업해서 Chat GPT 4가 MS의 검색엔진인 '빙'과 통합된다고 하니,[35] 그것만으로도 Chat GPT는 몇 단계 더 발전할 수 있을 것으로 예측되고 있습니다. 그리고 이렇게 지속적으로 여러 프로그램과 연결하다 보면 대부분의 솔루션과 하나씩은 이어지게 될 겁니다. 그림은 어디, 음악은 어디, SNS는 어디 하는 식으로요. 그렇다면 사실상 거의 모든 것을 Chat GPT에게 명령함으로써 실행할 수 있게 되는 겁니다.

그러면 Chat GPT는 단순히 언어생성 AI를 뛰어넘어 범용 AI에 가까워집니다. Chat GPT가 직접 처리하는 것은 아니지만, 사람의 말을 이해하고 그것을 다른 기계에 전달해서 연결을 통해 일을 수행하니까 결과적으로는 사람의 말을 수행한 셈이 되는 것입니다. 범용 AI는 'AGI Artificial General Intelligence'라고 합니다. 지금까지 우리가 알고 있는 AI들은 대부분은 하나의 목적에 특화된 것들이었습니다.[36] 그림을 그린다든가, 바둑을 둔다든가, 운전을 한다든가 하는 식으로요. 테스크 기반 AI라고 할 수 있죠. 그런데 범용 AI는 여러 가지를 두루두루 수행할 수 있고, 무엇보다 하나의 학습을 다른 것으로도 전이시킬 수 있어서 결국에는 사람처럼 보이는 AI가 되는 것입니다. GPT가 그런 범용 AI가 될 수 있을지는 더욱 시간이 가봐야 알겠으나 일단 적어도 사람의 말을 범용으로 수행하는 범용 집사의 역할은 잘할 수 있을 것으로 기대됩니다.

Chat GPT는 확장연결형 유사 플랫폼

...

Chat GPT를 아이폰과 비교하는 사람들 가운데, Chat GPT를 일종의 플랫폼으로 인식하는 경우도 있습니다. 하지만 엄밀한 의미에서 Chat GPT가 플랫폼이라고 할 수는 없습니다. 보통 플랫폼이라고 하면 여러 가게가 들어올 쇼핑센터이고 운동장이거든요. 인프라를 갖추고 들어올 가게들에 편의를 제공하는 거죠. 하지만 Chat GPT는 기본적으로는 언어 기반의 AI인 것이지, 모든 AI나 프로그램들이 펼쳐지는 장이 아닙니다. 하지만 Chat GPT를 통해야 다른 프로그램들이 유저들과의 만남이 가능하니 마치 플랫폼인 것 같은 느낌이 드는 겁니다. 쇼핑센터에 가면 여러 브랜드의 가게가 한꺼번에 있기 때문에 고객들이 가게를 하나하나 찾아가기보다는 쇼핑센터로 그냥 가는 거거든요. 플랫폼이죠. 마찬가지로 유저들이 GPT에 접속하면 개별 프로그램을 하나하나 구동하거나 컨트롤할 필요가 없으니 그냥 GPT를 통해서 개별 프로그램을 만나는 겁니다. 결과적으로 보면 플랫폼으로 가는 것이나 GPT로 가는 것이나 비슷한 느낌이기 때문에 마치 Chat GPT가 플랫폼 같은 느낌을 주지만 GPT는 연결을 통해서 확장하는 모델이지, 이미 터를 갖춘 플랫폼이라고 볼 수 없는 거죠.

기존의 구글이나 페이스북, 네이버 같은 플랫폼이 자신의 필드 안에 여러 가지 비즈니스를 다 집어넣는 필드형 플랫폼이라면, Chat GPT가 만드는 플랫폼은 Chat GPT가 처음 관문 역할을 하는 게이트형 플랫폼이라고 할 수 있습니다. 이를 기능적으로 말하면 확장연결형 플랫폼이라고 부를 수도 있고요. 예를 들어, 이미 바둑에서는 신급으로 올라선 알파고와 연결하면 Chat GPT로 바둑을 배울 수 있습니다. 그림 생성 AI와 연결하면 Chat GPT로 설명하고 그림을 받아볼 수도 있습니다. 음악 생성 AI와 연결할 수도 있고 자율주행차의 AI와 연결할 수도 있죠. 그러면 내 차와 대화하면서 차를 타는 즐거움을 가질 수도 있습니다. 그래서 Chat GPT는 단지 게이트에 불과하지만, 마치 뭐든지 잘할 수 있는 범용 AI처럼 느껴질 수 있다는 겁니다.

이 확장연결형 플랫폼은 가변성과 확장성이 뛰어납니다. 기존의 필드형 플랫폼은 마치 '가두리 양식'처럼 자기 플랫폼 밖으로 나가지 못하게 하는 정책을 주로 펴서 비판을 받고 있는데, GPT로 이루어지는 유사 플랫폼 모델은 확장을 전제로 하기 때문에 구조부터가 개방형입니다. Open AI라는 개발사 명과 잘 맞아떨어지죠.

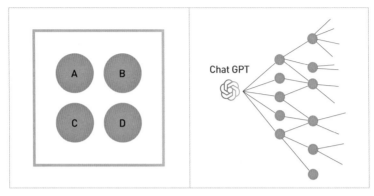

필드형 플랫폼   게이트형 플랫폼(확장 연결형 유사 플랫폼)

Chat GPT가 개인들에게도 큰 기회인 이유

...

Chat GPT는 확장형 플랫폼을 제공하기 때문에 중소형 비즈니스나 개인들에게도 기회가 찾아올 것입니다. 이래저래 2023~2024년은 아이폰이 처음 나와서 대중들에게 보급되던 2007~2009년과 같은 분위기일 겁니다. 앵그리버드 같은 히트 게임이 나오고, 사진을 찍어서 바로 SNS에 올릴 수 있는 등 사용성이 간편해지고, 여러 업무 보조 프로그램들이 나와서 대중적인 쓰임이 늘어나 익숙해지면서 더욱 기하급수적으로 발전하고 보급되었던 것과 같이 말입니다.

새로운 플랫폼을 만든다는 점에서 아이폰에 비견되는 Chat GPT는 그래서 우리가 지금 관심을 가지고 기회를 엿보아야 하는 기술입니다. 처음 하드웨어적인 세팅이 이루어질 때는 빅테크 기업들이 주로 움직이지만, 대중적인 보급에는 소프트웨어적인 적용이 있을 수밖에 없거든요. 그때 벤처기업들, 개인들에게도 기회가 옵니다. 그때를 놓치지 말아야죠. 변화는 기회의 다른 이름이니까요.

음성으로 발전할 Chat GPT

...

Chat GPT의 발전 방향에 대해서 생각해보면, 결국 입력 도구로써 음성으로 갈 것입니다. 지금은 물론 언어 기반으로 문자를 써서 의사소통을 하지만, 아무래도 말로 자연스럽게 하는 것보다는 조금 불편하고 느린 것이 사실이거든요. 제한도 많고요. 근미래를 다룬 영화나 SF 영화들을 보면, 대부분 개인화된 AI 집사들과는 말로써 정보를 나눕니다. 그만큼 자연스럽고 편한 도구라는 거죠. 스마트폰이 빠르게 보급되었던 것은 손가락으로 입력 도구를 썼다는 점이 큽니다. 따로 펜을 챙기지 않아도 언제 어디서나 간편하게 손가락 터치만으로 컨트롤하니 사용성이 매우 좋았던 것입니다. 그래서 Chat GPT의 입력 도구는 앞으로 한층 더 간편해진 사람의 음성이 될 가능성이 높습니다. 그때가 되면 스마트폰이나 자신의 스마트시계를 보면서 혼잣말하는 사람이 많이 늘어날 것 같습니다.

지금의 길거리 풍경은 걷거나 서 있는 것의 차이일 뿐, 다들 고개를 푹 숙이고 스마트폰을 보고 있는 거잖아요. 그런데 이렇게 음성으로 AI 집사들과 소통하는 시대가 되면 "키트, 빨리 와줘"하며 자기 차를 부르는 사람, 초소형 헤드셋으로 검색하는 중이라 얼핏 보면 혼자서 허공에 대고 무언가 이야기하는 것처럼 보이는 사람, 시험 때문에 AI 집사에게 급하게 과외받는 사람 등 다양한 길거리 모습이 연출될 것 같습니다.

4

사람의 인사이트가
필요 없어진 이유

튜링테스트를 통과했다는 게 진짜야?

화이트칼라 빅뱅

...

AI가 일자리를 대체할 수 있다는 생각은 알파고 이전부터 계속 있어 왔습니다. 그런데 알파고 이전에는 생산직 블루칼라나 아니면 아주 단순반복적인 화이트칼라 일부가 기계로 대체될 수 있다는 정도로 여겨졌습니다. 하지만 알파고 이후에는 어쩌면 웬만한 화이트칼라나 전문직도 AI로 일자리 대체가 가능할지도 모르겠다는 생각을 하게 되었습니다. 그래서 한동안 패닉에 빠졌었죠. 그러다 어느 정도 시간이 지나니 사람들은 '아직 AI가 그런 일을 수행하기에는 무리'라고 생각하기 시작했습니다. 말은 요란했지만 막상 시중에 나온 상품으로서의 AI는 찾아보기 힘들었거든요. 그런데 Chat GPT는 일반 대중에게 상품으로서 다가오는 범용 AI의 모습을 하고 있습니다. 물론 언어에 특화된 목적적 AI이지만, 주가 되는 것이 언어이다 보니 API 역할을 하면서 인간의 언어를 다른 프로그램이나 기계들에 전달해 사용자의 목적이 실현되게 할 수 있는 거죠. 그런 의미에서 범용 AI로서의 첫 번째 프로덕트 같은 느낌을 주는 것이 바로 Chat GPT입니다.

그동안에는 AI가 진화해봤자 단순반복적인 일이나 생각, 관점이 필요 없는 일들을 대체할 뿐이라는 것이 지배적인 전망이었습니다. 그런데 Chat GPT가 나온 시점에서 돌아보니 그런 전망은 사실 희망에 가까운 것이었습니다. Chat GPT가 API가 되면서 활용성이 크게 좋아지면 홈페이지를 만드는 것도, 광고기획을 하는 것도, 영상을 만들어 SNS에 올리는 것도, Chat GPT로 다 가능한 일이 되기 때문입니다. 게다가 직원을 쓰거나 대행사에 맡기는 것보다 훨씬 비용을 절감할 수 있습니다.

이른바 '병맛'처럼 틀에서 벗어난 광고는 AI가 만들어내지 못할 거라고 생각하는 사람들이 있지만, Chat GPT에 "광고 시나리오를 써주

작곡 AI 기술을 가진 포자랩스의 홈페이지[37]

는데, 콘셉트는 병맛으로 잡아줘"라고 입력하면 해결되는 문제입니다. 시간이 지나면 병맛의 콘셉트까지 학습할 수 있으니까요. 창의성이 필요한 예체능 계열은 기계가 따라올 수 없을 것이라는 생각 역시 현실감각이 없는 발언입니다. 물론 기계가 반 고흐의 화풍을 따라 할 수는 있지만, 완전히 새롭게 그런 화풍을 만들어 내기는 힘들지도 모릅니다(지금에 와서 보면 그렇지도 않은가 싶기는 하지만요). 하지만 반 고흐는 살아 있을 때 사람들의 인정을 받지 못했고, 사후에도 한참이 지난 뒤에야 세계적인 화가가 되었습니다. 그리고 우리는 지금 반 고흐를 우산에서, 머그컵에서, 책 표지에서 만날 수 있게 되었고요.

실제 지금 상업적으로 쓰이는 디자인이라는 것이 하늘 아래 완전히 새로운 것이 있냐 생각해보면, 그렇지 않다는 것을 바로 알 수 있습니다. 오히려 실제 그런 콘셉트라면 대중적이지 않아서 사장될 수 있습니다. 그러니까 상업적인 쓰임을 논하기 위해서는 예술이 아닌 디자인을 생각해야 합니다. 그래서 AI가 얼마든지 이런 자리를 대체할 수 있는 거죠. 기존의 것을 바탕으로 약간의 변형을 가하는 정도의 창의성이라면 얼마든지 AI가 할 수 있는 것들입니다. 그래서 음악, 미술, 광고, 영화, 드라마 같은 상업적인 창의성이 필요한 곳에서 AI의 약진이 두드러지고 있는 것입니다. 아마 예체능 관련 직업 중에서는 장기적으로 보면 체육 외에는 AI로 대부분 대체가 가능하지 않을까 싶기도 합니다.

애널리스트가 하는 일

...

빅데이터를 처리할 수 있는 기술이 가능해지면서 많은 사람들이 '빅데이터를 해석할 수 있는 분석의 눈이 중요하다. 통찰력을 키워라'라는 이야기를 했습니다. 하지만 Chat GPT가 가장 위협적으로 느껴지는 사람들이 바로 그런 애널리스트나 컨설턴트이기도 합니다. 방대한 자료의 핵심을 정리하고 거기에 의미를 부여해서 하나의 답을 제시해주는 것이 지금 Chat GPT가 하는 주요한 일 중 하나거든요.

그런데 주식 애널리스트들이 과연 주식이 올라갈지 아닌지를 정확하게 분석할 수 있을까요? 좀 오래전 자료이긴 하지만, 앤드류 스토츠 당시 CFA 태국지부 회장이 최소 3명 이상의 애널리스트들이 목표주가를 제시하고 있는 종목 1,200개를 고른 후에, 그것을 2003년부터 2013년까지 10년 동안, 애널리스트의 예측과 실제 주가 향방을 비교한 적이 있습니다. 그랬더니 맞힐 확률은 50%였습니다.[38] 주식은 상승과 하강이라는 두 가지 방향뿐이기 때문에 이 정도면 동전 던지기를 하는 것과 다를 바가 없습니다. 사실 주식 애널리스트가 하는 일은 올라가고 내려가는 종목을 점쟁이처럼 맞히는 것이 아니라, 투자자들이 참고할 수 있도록 분석 자료를 만들어서 개인들의 판단을 돕는 것입니다. 그런데 이런 역할이라면 바로 Chat GPT의 전문 분야입니다.

실제로 Chat GPT가 공개된 이후 전 세계에서 가장 많이 받은 질문이 '어떤 주식에 투자할까?'라는 것이었다는 이야기를 얼핏 들은 적이 있습니다. 사실이든 아니든 굉장히 그럴듯한 말입니다. 실제 저도 GPT에 물어보긴 했거든요. 하지만 GPT는 '그런 단기적인 투자는 생각하지 말고 우량주를 사서 장기투자를 하라'는 교과서적인 답변을 주더군요. 결국 이런 질문보다는 "일주일간의 테슬라 실적은 어때?"라든가, "최근 10년 동안 주식이 우상향한 대표적인 회사를 뽑아줘"와 같은 질문을 해서, 그 통계를 바탕으로 우리가 판단을 해야 하는 겁니다.

이런 자료들이 우리가 주식 애널리스트들에게 바라는 것인데, 기존의 애널리스트에게서 받는 정보는 일방향이어서 우리가 원하는 것을 들을 수 있는 것은 아니었습니다. Chat GPT가 이런 역할을 하게 되면 쌍방향으로 의사소통이 되면서 매일매일 원하는 양질의 정보를 얻을 수 있습니다. 원하는 정보를 찾기 위해서 유튜브의 바다를 헤매가며 이 사람 저 사람의 말에 귀 기울일 필요가 없습니다. 물론 투자 판단은 각자의 몫이니 Chat GPT는 책임지지 않지만요. 그런데 그건 지금의 주식 애널리스트들도 마찬가지입니다.

주식 애널리스트를 예로 이야기했지만, 분석과 통찰이 들어가는 웬만한 직업군들에서는 공통적으로 이런 위기감을 느낄 수밖에 없습니다. 컨설턴트 직군에서는 이미 그런 징조가 나타나고 있습니다. 보험 컨설턴트의 방문 없이 AI가 개인의 보험과 라이프 스타일 패턴을 정리해서 보험의 최적화 솔루션을 알려주기도 하고, 대학생들의 진로 컨설팅 역시 AI로 구축되고 있습니다.

튜링테스트를 통과했다는 소문이 돌고 있는 Chat GPT

...

앞으로 사람이 할 수 있는 일은 무엇일까요? 사람과 사람이 만나 온 기를 나누는 '케어' 영역은 기계가 대체 불가능하다고 많이 알려져 있습니다. 그래서 물류나 서비스에서도 '라스트 마일'이라고 해서, 상품이 마지막으로 고객에게 전달되는 과정에 '휴먼터치'가 이루어지면 좋다고 하잖아요. 하지만 실제 사람과 사람이 일일이 만나 서비스가 제공되는 방식은 굉장히 비효율적입니다. 최고급 서비스는 가능할지 몰라도 대중화해야 하는 서비스나 상품이라면 솔루션을 이런 식으로 디자인할 수는 없죠. 그래서 챗봇이 등장한 겁니다. 일방적인 공지가 아니라 그나마 대화하는 느낌을 주기 위해서입니다. 그런데 그동안의 챗봇은 누가 봐도 기계였기 때문에 답답하고, 심지어 기분이 나쁠 때도 있었습니다. Chat GPT는 이런 부분에 정말 특화되어 있다고 볼 수 있습니다.

'튜링테스트'라는 것이 있습니다. 컴퓨터의 아버지라 불리는 앨런 튜링이 만든 테스트입니다. 〈이미테이션 게임〉이라는 영화에서 베네딕트 컴버배치가 이 사람을 연기하기도 했습니다. 여러 가지 질문을 통해 상대방이 기계인지 사람인지를 테스트하는 것입니다. 그 후의 SF영화들에서는 이 튜링테스트가 많이 등장합니다. 현실에서는 군이 이런 테스트를 하지 않더라도 채팅을 나누는 상대가 기계인지 사람인지를 구분할 수 있었으니, 영화적으로 먼저 구현한 거라고 볼 수 있습

샘 알트만이 SNS에 올린 피드[39]

니다. 해리슨 포드가 젊은 시절 연기한 〈블레이드 러너〉라는 영화에서는 복제인간인지 아닌지를 구분하기 위해서 복제인간 헌터인 해리슨 포드가 의심되는 대상에게 계속 질문을 던집니다. 본인도 본인이 복제인간인지 모르는 상황에서도 해리슨 포드는 튜링테스트로 기가 막히게 복제인간들을 색출해 냅니다.

하지만 튜링테스트가 과장되었다는 이야기도 많습니다. 아무리 컴퓨터의 아버지라지만 튜링이 만든 것은 자동화된 암호해독기일 뿐, 현재적 의미의 컴퓨터라고 할 수는 없거든요. 그러니 이런 시기에 탄생한 튜링테스트가 무슨 의미가 있냐는 겁니다. 또 어떻게 생각하면 그런 시기에 탄생한 테스트를 아직도 통과한 기계가 없었기 때문에 의미가 있을 수도 있고요. 튜링테스트에 대해서 이렇게 길게 설명하는 이유는 Chat GPT가 튜링테스트를 통과했다는 관계자들의 전언들이 새어 나오고 있기 때문입니다. 물론 공식 발표는 아니지만, AI 전문가들 사이에서는 가능성 높은 사실로 인식되고 있습니다. Chat GPT가 튜링테스트를 통과했다는 소문이 무성하자, Open AI의 CEO인 샘 알트만은 SNS에 이런 피드를 올리기도 했습니다.

"이 공학적 공포(성취)에 자만하지 말라. 튜링테스트에 통과한 것은 포스의 힘에 비하면 아무것도 아니다."

이 피드에서 몇 가지 알 수 있는 점은 샘 알트만이 유머를 가진 인물이라는 것 그리고 스타워즈 덕후라는 것, 무엇보다 Chat GPT가 튜링테스트를 통과한 게 사실이라는 것입니다. 이 피드로 샘 알트만은 튜링테스트 통과를 인정한 셈이죠. 이게 무슨 뜻이냐 하면 여러분이 방금 채팅한 상대가 진짜 사람인지, 기계인지 이제 구분할 수 없다는 의미입니다. 한참 즐거운 이야기를 나눴는데, 알고 보니 기계일 수도 있는 거죠. 게다가 기계가 사람보다 더 따뜻한 느낌을 줄 수도 있습니다. 대화를 나눴던 사람들에 대한 기억이 기록으로 남아있기 때문에 "저번에 발가락 아프시다는 건 좀 괜찮아지셨어요?"와 같은 질문도 할 수 있거든요. 사회생활하면서 이만큼 관심받는 일도 드물죠. 마주 앉은 대화상대가 사람인지 기계인지 구분할 수 없는 정도라면, 기계이면 어떻고 사람이면 어떤가요?

사고 실험을 하나 해봅시다. 한국말을 완벽하게 숙지하는 기계가 있습니다. 어떤 사투리든 찰떡같이 알아듣고 그에 맞는 답을 해줍니다. 그럼 이 기계는 한국어를 안다고 말할 수 있을까요? 이 기계는 해당되는 음성기호를 인식하고, 그에 맞는 출력 값을 찾아내거나 생성할 뿐입니다. 이 기계가 자신이 무슨 말을 하는지 진정 이해한다고 할 수 있을까요? 그런데 다른 면에서 생각해보면, 한국어로 완벽한 대화가 되고 의미가 잘 전달되는데 이 기계가 본질적으로 한국어를 아느냐 모르느냐를 따지는 것이 무슨 의미가 있을까요? 철학적으로야 존재론적 문제를 제기할 수도 있겠지만, 인식론적으로 보자면 그냥 한국어로 대화가 되는 상대일 뿐입니다. 이렇게 되면 오히려 기계라서 조금 더 마음 편하게 자신의 감정을 툭 터놓고 이야기할 수도 있을 것입니다.

Chat GPT는 아니지만 최근 나온 AI 서비스 중에 성경 구절을 추천해주는 바이블 GPT[40]라는 것이 있습니다. 자신의 상황과 심경, 생각, 고민 같은 것을 입력하면 그에 맞는 성경 구절을 추천해줍니다. 시험삼아 "이 책을 빨리 써야 하는데, 가능할까?"라는 식의 고민을 적었더니, 열심히 하면 큰 보상이 있을 것이라는 내용의 성경 구절들이 여러

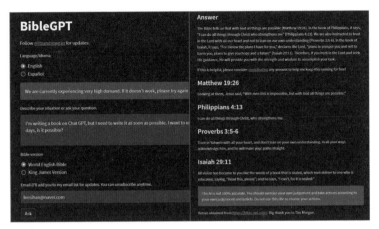

바이블 GPT 캡처 화면

개 추천되었습니다.

바이블 GPT는 목사님의 상담 역할을 대신해 주는 AI 서비스라고 할 수 있습니다. AI이기 때문에 이야기를 깊이 있게 공감했다고 말하긴 어려울 수 있겠지만, 개인의 상황에 필요한 적절한 조언이나 솔루션을 제공하는 데에는 인간과 큰 구분이 없습니다. 저는 역학, 사주, 관상, 손금과 같은 분야도 전부 프로그램화되어 있으니 얼마든지 AI 서비스가 대신할 수 있을 거라 봅니다. 이것과 자신의 고민, 궁금증을 알아주는 GPT와의 만남인 거죠. 솔루션이 정신분석적 관점에서 의학적으로 제시되는 것이 아니라 그냥 점괘로 제시되는 겁니다.

불안감은 내려놓고, 이제 현실을 직시할 때

...

기존에 알파고 때문에 AI 혁명을 말할 때에도 이것만큼은 안전하다고 여겨졌던 창의성, 분석, 컨설팅, 케어 같은 분야에서도 AI의 활약이 있을 수 있다는 얘기입니다. 알파고 때에는 AI가 인간의 일자리를 대신할 수도 있다는 불안감을 줬다면, Chat GPT는 AI가 인간 자체를 대신할 수도 있겠구나 하는 더 큰 불안감을 줍니다. 대화가 되고, 교감을 나누고, 유머도 던질 줄 아는 AI라니…… 게다가 여러 일을 전부 대신 수행해주기도 하고요. 인간의 자아와 어떤 면에서 구분된다고 할 수 있을까요? 인간의 자의식이라는 것 역시, 뇌의 메커니즘 작용 가운데 하나일 뿐이라는 뇌과학 책[41]을 굳이 들먹이지 않더라도, 튜링테스트를 통과한 기계는 인식론적으로는 인간과 그다지 다를 바가 없습니다.

Chat GPT가 공개된 후에 '역시 이런 거는 형편없네' 하면서 SNS에 올린 증거 사진들을 보았습니다. 임진왜란 때 이순신 장군을 곤란에 빠뜨렸던 한국 장군 원균을 일본 장군으로 인식한다든가, 간단한 계산을 틀린다든가 하는 것들이었습니다. 하지만 그런 행동들이 불안감의 소산이 아닐까 하는 생각도 들었습니다. 이런 사람들이야말로 인간이 AI로 대체될 수 있다는 불안감이 가장 큰 사람들이 아닐까 싶습니다. 사실 Chat GPT에서 이 정도 오류는 영어권이 아닌 한국어권 사전 학습이 부족해서이고, 데이터를 업그레이드하거나 인터넷에 접속해서 다양한 정보를 학습하게만 해도 단기간에 수정이 가능한 것들입니다.

오히려 지금은 냉정한 눈이 필요할 때입니다. 인간이 인간이기 위해 필요한 것, AI와 다른 것 그리고 무엇보다 인간보다 진화할 가능성을 가진 AI를 어떻게 잘 활용해서 인간의 생활을 한 차원 높은 것으로 만드는 도구로 쓸 것인가를 고민해야 할 시기인 거죠. 물론 이 책에서 그런 부분까지 다룰 것입니다.

2장

새로운 AI로
할 수 있는 일들

2장에서는 현재 Chat GPT로 할 수 있는 일들, 실제로 사용자들이 해본 사례를 중심으로 이야기해보려 합니다. 그리고 실제 제가 사용하는 것도 샘플로 함께 살펴볼 거고요.

그러니까 이 장은 Chat GPT의 현재적 적용에 대한 이야기입니다. 물론 실시간으로 발전하고 있기 때문에 이 글을 접할 때쯤에는 더더욱 발전해 있겠지만 그건 속도적 발전이죠. 발전의 속도보다 중요한 것은 발전의 방향입니다. 이 방향을 알아야 우리 나름의 비전과 계획을 세울 수 있으니까요. 이 장에서 나오는 여러 가지 적용태들을 보면 방향적 발전은 확실히 알 수 있지 않을까 합니다.

다만, 앞서 Chat GPT가 확장과 연결을 통해 플랫폼 역할을 하게 되면서 엄청난 사이즈의 충격파를 던진다고 말씀드린 바 있지만, 이건 API로서 확장과 연결이 본격적으로 시작되었을 때고(한 번에 12조 원 투자를 밝힌 마이크로소프트의 각오와 능력 그리고 우리나라를 포함한 세계 각국의 Chat GPT에 반응을 보면 오래 걸릴 것 같지는 않지만요.) 현시점에서 응용하는 법은 아무래도 글쓰기나 마케팅, 교육, 코딩 등의 사례가 많습니다. 더 미래에 적용할 수 있는 분야는 3장에서 다루도록 하겠습니다.

교육계의 파괴적 혁신일까,
교육계의 파괴일까?

과제, 논문, 제안서에 활용하기

Chat GPT로 과제를 해볼까?

Chat GPT가 처음 대중에게 공개된 후 가장 먼저 반응한 것은 학생들이었습니다. 바로 과제나 시험, 논문 등에 Chat GPT를 적용할 수 있는지가 큰 관심사였거든요. 실제로 미국에서는 GPT로 제출한 과제가 기하급수적으로 늘어나고 있다고 합니다. Chat GPT로 과제를 한다면 어떻게 해야 할지 일단 제가 한번 사용해봤습니다. 과제를 작성한다는 가정하에 주제를 생각하다가 대학 시절에 겪었던 일이 떠올랐습니다.

친구가 PPT로 포스트모더니즘에 대해서 과제 발표를 하고 있었습니다. 그런데 좀 버벅대기 시작한 거예요. 그러자 교수님이 "그래서 학생은 포스트모더니즘이 뭐라고 생각하나?"라고 갑자기 돌발 질문을 던졌습니다. 그러자 친구는 "누구는 포스트모더니즘에 대해서 이렇게 얘기했고, 누구는 저렇게 얘기했고……" 하는 식으로 대답했습니다. 교수님은 "아니, 그 사람들 의견 말고 자네 의견은 뭔가?" 하고 되물었습니다. 친구는 "잘 모르겠습니다"라고 대답하더군요. 친구의 대답은 '포스트모더니즘에 대해서 발표는 하고 있지만, 정작 본인은 포스트모더니즘에 대해서 고민해 본 적이 없다'는 뜻이었습니다. 교수님은 단칼에 "들어가!"라고 말씀하셨고, 수업 분위기는 아주 무거워지고 말았습니다.

그런데 그 장면이 저한테는 퍽이나 인상적이었습니다. 당시에는 '하필이면 갑자기 저런 질문을 할 게 뭐람. 친구가 참 재수가 없네'라고 생각했지만, 지금 학생들을 가르치는 입장에 서 보니 이제는 이해할 수 있습니다. 발표하는 내내 교수님이 참다 참다 하신 질문이라는 것을요. 발표를 듣다가 이미 '이 친구는 포스트모더니즘에 대한 자신의 생각 자체가 없구나' 하고 느끼셨을 겁니다. 그러니 "포스트모더니즘이 뭔가?"라는 질문이 나온 거고요. 실제로도 어떤 이야기를 하는데, 그것을 딱 한 문장으로 이야기해보라거나 핵심이 뭐냐고 물었을 때 곤란한 경우들이 있잖아요. 그런 상황에서 멋쩍어지는 이유는 말하는 주제에 대해서 자신의 생각이 정리되지 않았기 때문입니다. 어쨌든 그래서 제가 Chat GPT에게 물어본 것은 포스트모더니즘에 대해서입니다. 그러고는 이렇게 말을 걸었습니다.

"포스트모더니즘에 대해서 정리하는 과제를 해야 하는데 도와줄래?"

물론이죠. 포스트모더니즘에 대한 정보를 정리하는 것을 기꺼이 도와드리겠습니다. 구체적으로 무엇을 알고 싶거나 중점을 두고 싶으십니까?

"먼저 포스트모더니즘의 개념에 대해서 1페이지 분량으로 예시와 함께 알려주면 좋겠어."

포스트모더니즘은 20세기 중후반 모더니즘에 대한 반응으로 나타난 지적, 문화적 운동입니다. 19세기 후반부터 서구 세계를 지배하던 모더니즘은 이성과 논리, 객관적 진리를 강조했습니다. 대조적으로 포스트모더니즘은 객관적 진리와 보편적 가치에 대한 거부로 특징지어지며, 대신 다양한 관점, 의견, 해석을 수용합니다. 포스트모더니스트들은 세상을 보는 하나의 객관적인 방법은 없으며, 현실에 대한 모든 해석은 본질적으로 주관적이며 문화적, 정치적, 역사적 힘에 의해 형성된다고 주장합니다.

구체적인 예를 들어, 포스트모더니즘 사상은 건축(예: 해체주의적 디자인의 사용), 문학(예 : 전통적인 서사 구조를 전복시키는 작품), 예술(예: 비표현적 형태의 사용)과 같은 분야에서 볼 수 있습니다.

요약하자면, 포스트모더니즘은 하나의 객관적인 진리에 대한 생각에 도전하고 대신 다양성과 개인의 관점의 중요성을 강조하는 문화 운동이라고 할 수 있습니다.

이 정도면 고등학생 리포트는 물론이고 대학생 리포트로도 손색이 없습니다. 리포트로 만들려면 이 내용을 길게 풀어서 10페이지 분량으로 만들어 달라고 하면 됩니다. 그런데 그렇게 긴 내용을 이 책에 소개할 수는 없어서, 저는 조금 다르게 다음 질문을 던졌습니다.

"그럼 이 내용을 길게 풀어서 리포트로 만들려고 하는데, 우선 목차를 뽑아줄 수 있을까?"

물론이죠.

I. 소개

    A. 모더니즘과 포스트모더니즘의 배경

    B. 포스트모더니즘 사상의 개요

II. 포스트모더니즘의 특징

    A. 객관적 진실에 대한 거부

    B. 개인의 관점과 해석의 강조

    C. 웅장한 서사와 메타 서사의 비평

    D. 권력과 권한의 분권화

III. 다양한 분야에서의 포스트모더니즘의 예

    A. 건축

    B. 문학

    C. 아트

    D. 필름

    E. 철학

IV. 포스트모더니즘에 대한 비판

    A. 상대주의와 주관주의에 대한 비난

    B. 그것의 정치적 영향에 대한 비판

    C. 인식된 허무주의에 반대하는 주장

V. 결론

    A. 요점 요약

    B. 포스트모더니즘의 영향과 유산에 대한 성찰

    C. 지속적인 관련성과 영향력에 대한 논의

여기서 저는 대학 시절에 뵈었던 그 교수님(사실은 나중에 제가 대학원에 갔을 때 그분이 제 지도교수님이 됩니다.) 흉내를 한번 내보았습니다. GPT에게 갑자기 교수님이 한 것과 같은, 허를 찌르는 질문을 한 거죠.

"포스트모더니즘에 대해 한 마디로 어떻게 정리할 수 있을까?"

그러자 GPT는 도리어 제 허를 찔렀습니다. 답을 듣는 순간 동의할 수밖에 없는 한 단어를 말했거든요.

Diversity

'다양성'이라는 뜻입니다. 포스트모더니즘 자체가 두 단어인데, 이것을 한 단어로 표현하는 것은 포스트모더니즘보다 짧게 핵심을 말하는 거잖아요. 그래서 나온 단어가 다양성입니다. 포스트모더니즘에 대한 아주 독특한 시선을 가진 분이 아니라면 아마 이 한 마디에 매우 공감하실 겁니다. 만약 제 친구가 교수님의 물음에 "다양성"이라고 대답했다면 발표하다가 쫓겨나지는 않았을 텐데 안타깝습니다.

이미 교육 현장에는 GPT가 당도해 있다

…

이제 Chat GPT가 과제에 어떤 식으로 도움이 되는지 충분히 이해하셨을 겁니다. 너무 어려운 단어들이라면, 다시 조금 더 쉬운 단어들로 표현해달라고 요청하기만 하면 됩니다(실제로 구글이 자사의 AI 서비스인 '바드'를 발표하며 예시로 들었던 질문이 "9세 아이에게 '제임스 웹 우주망원경'의 새로운 발견에 대해 어떻게 설명해줄 수 있을까?"였습니다).[42] 2~3시간 낑낑대며 쓰던 과제가 1~2분 만에 나오는 것도 모자라 스스로 쓴 것보다 더 나은 결과물이 나온다는 거죠.

Chat GPT를 접한 학생들은 이미 Chat GPT가 자신보다 낫다는 데 공감하며, Chat GPT를 적극 활용하고 있습니다. 뉴욕타임스 기사에 따르면, 미국 노던미시건대학에서 철학을 가르치는 앤터니 우만 교수는 '세계종교' 강의 과제물로 제출된 에세이 중 풍부한 사례와 빈틈없는 논증으로 좋은 인상을 준 에세이를 선정했습니다. 하지만 그 에세이가 Chat GPT의 작품으로 드러나면서, 2023년 신학기부터는 강의실에서 추적장치가 달린 컴퓨터로 에세이를 쓰는 방식으로 과제 제출 과정을 바꾸기로 했습니다.[43]

뉴욕과 시애틀 등의 일부 공립학교에서는 학교 와이파이 네트워크나 컴퓨터를 통한 Chat GPT에 접속을 금지했습니다. 그런데 이런 하드웨어적인 통제는 고등학교에서나 가능하지 대학에서는 자율권 침해 문제가 불거지기 때문에 쉽지 않습니다.

한국에서도 기말고사 때 Chat GPT의 도움으로 'A+'을 받았다는 사례가 보도되기도 했습니다. 대학에서 에너지공학을 전공하는 학생이 예상문제에 대한 답변을 Chat GPT에 넣고, 나오는 대로 외운 것입니다. 시험 당일 8문제 중 6문제를 Chat GPT가 써준 답안으로 적어냈다고 하는데, 결과는 A+이었다는 거죠.[44] 그런데 이쯤 되면 이 학생도 대단합니다. 예상문제가 6개나 적중된 셈이니까요.

드디어 '리포트'가 없어질까?
...

Chat GPT가 공개되고 이런 문제가 생기자, 개발사인 Open AI에서는 AI가 쓴 저작물을 가려내주는 탐지 AI를 공개했습니다. 그러나 적발 성공률이 낮았다고 합니다. AI가 작성한 글 중 26%만을 가려내었으니, 4개 중 3개가 걸리지 않고 통과된 것입니다.[45] 사람이 썼는데 AI가 썼다고 잘못 인식하는 경우도 9% 정도 발생했다고 합니다. 글의 길이가 짧을수록 오류가 심하다고 하는데, 이 정도 되면 학생을 평가할 때 기준으로 삼기는 어렵습니다. 물론 AI 글을 탐지해주는 AI가 앞으로 진화하면서 오류 발생률을 낮출 수는 있지만, 그 사이 GPT 역시 진화하면서 더욱더 사람스럽게 변할 테니 결국 쳇바퀴입니다.

　장기적으로 보자면 학교 교육에서 과제나 리포트의 모습이 바뀔 듯합니다. 과제나 리포트는 학교 공부에서 부족한 부분을 스스로 공부하며 채우라는 의미로 내는 것인데, 지금의 상황으로는 그런 효과가 없어진 것이니까요. 그래서 앞으로 대학 평가는 발표 중심으로, 그리고 과제는 직접 손으로 써서 내는 방향으로 바꿀 것이라는 예측도 많습니다. 글쓰기가 아닌 말하기가 중요한 세상이 되는 거죠.

2

GPT에게
자소서를 쓰게 하면

대필일까, 아닐까?

대필해서 성공한 Chat GPT

...

한국의 공채제도는 매우 예외적입니다. 공채라는 개념을 가진 나라가 많지 않기 때문입니다. 대부분은 수시채용을 하고, 우리나라 역시 코로나 시국 이후로 대기업들이 수시채용으로 전환했지만, 우리나라와 외국의 수시채용은 다른 면이 많습니다.

외국의 수시채용은 실무자가 실제로 자신과 같이 일한 부하직원을 한 명 한 명 면접 보면서 뽑는 식입니다. 하지만 한국은 수시채용이라고 하더라도 대기업의 채용에는 한 번에 많은 인원이 몰려들기 때문에, 공채와 크게 다를 것이 없습니다. 조금 더 소규모로 언제 뽑을지 모른다뿐이지 공고 내고, 지원자 받아서 추리고, 필기시험 보고, 그 가운데 또 면접을 보는 과정을 거칩니다. 경쟁률이 높다 보니 반드시 추리는 과정이 필요합니다. 외국의 채용 제도처럼 면접을 하나하나 진행하다가는 1년 내내 인사과는 채용 면접만 하고 있어야 할 수도 있거든요.

그래서 지원서나 자기소개서 같은 입사 지원 시 내야 하는 서류도 매우 공식적입니다. 1차적으로는 바로 그 서류만 가지고 선발을 진행하니, 취준생 입장에서는 이 서류를 잘 내야 합니다. 일단 서류가 통과되어야 그다음 기회가 있으니까요. 그래서 한국에서 특이하게 발달한 것이 자소서 마켓입니다. 자기소개서를 컨설팅해준다거나 심지어 대필까지 해주는 시장이 꽤나 발달해 있죠. 심지어 대학에서도 컨설턴트를 배치해서 학생들의 입사 지원을 돕습니다. 하지만 Chat GPT가 이 모든 상황을 일거에 바꿔놓을 수도 있을 것 같습니다. 자소서 작성을 Chat GPT에게 맡기면 되거든요.

미국의 미디어인 〈비즈니스 인사이더〉는 Chat GPT에게 기자의 실제 직업 경험과 정보 등을 제공하고 자기소개서를 작성하도록 한 다음 이를 기업의 인사담당자 두 명에게 보냈습니다. 그런데 Chat GPT 가 작성한 자기소개서를 평가한 인사담당자들은 "개성이 부족한 것 같지만 큰 감명을 받았다"고 밝혔으며, 두 담당자 모두 하나의 자기소 개서에 대해선 후속 심사를 할 것 같다고 말했습니다.[46] 최종 면접에 오라는 거죠. 이런 상황이라면 어설프게 직접 쓰는 것보다 Chat GPT 에게 자소서를 부탁하는 편이 훨씬 합격확률을 높이는 방법이 될 것 같습니다.

Chat GPT로 실제 자소서를 작성해보자
...

그러면 실제로 Chat GPT를 이용해서 간단하게 자소서를 한번 써 볼까요? 일단 다음과 같이 아이스 브레이킹을 해봅니다.

"기업에 지원할 입사지원서와 자기소개서를 쓰려고 해. 도와줄 수 있어?"

그러자 굉장히 원론적인 설명이 상당히 길게 쏟아졌습니다. "물론 이죠. 어떤 것을 도와드릴까요?" 정도의 답변을 기대했는데, 입사지원 서는 무엇이며, 작성 요령은 어떻고, 자기소개서에 들어갈 내용은 무엇이고, 이러저러한 구성을 하라는 내용이었습니다. 그냥 일반적이고 추상적인 충고여서 넘어가려는 찰나, 긴 설명 끝에 "그럼 행운을 빌어요!"라는 멘트가 꽤 인상적이었습니다. 어쨌든 제가 원하던 답변은 아니어서 조금 다르게 질문을 해봤습니다.

"자기소개서에 나의 장단점에 대해 소개하는 항목을 작성해야 해. 나는 평소에 분석력이 뛰어나고 모든 것에 호기심이 많아. 하지만 한 가지를 끝까지 완성하는 힘은 약해. 장점을 강조하고, 단점을 보완하는 식으로 500자 분량의 자기소개서를 써줄래?"

3초도 되지 않아 바로 답이 나왔습니다.

물론입니다! 여기 여러분의 장점과 단점을 강조하는 샘플 자기소개가 있습니다.

[채용 담당자 이름]님께,

[회사 이름]의 [직급 이름] 역할에 관심을 표명하고자 이 글을 씁니다. 저는 저의 분석적인 사고방식과 타고난 호기심, 배움과 성장에 대한 열정이 저를 이 자리에 적합한 사람으로 만든다고 강하게 확신합니다.

분석적인 사람으로서, 저는 체계적이고 논리적인 접근으로 도전과 문제에 접근할 수 있습니다. 저는 호기심이 많아 항상 사물의 근본적인 원인과 메커니즘을 이해하려고 노력하는 사람입니다. 이를 통해 데이터의 추세와 패턴을 파악하고 복잡한 문제에 대한 혁신적인 솔루션을 개발할 수 있습니다.

저의 분석적인 강점은 귀중한 자산이지만, 저는 때때로 과제를 끝까지 완료하는 데 어려움을 겪는다는 것을 알고 있습니다. 저는 이 약점을 해결하기 위해 노력해 왔으며 명확하고 달성 가능한 목표를 설정하고, 프로젝트를 관리 가능한 부분으로 나누고, 다른 사람들로부터 정기적인 피드백을 구하는 것이 저의 약점을 보완한다는 것을 알고 이를 실천해 왔습니다.

[회사 이름]의 [포지션 이름] 역할에 저의 분석 기술과 호기심을 불어넣을 기회를 갖게 되어 기쁩니다. 저는 귀사 팀의 성공에 긍정적인 영향을 미치고 기여할 수 있을 것으로 확신합니다.

제 지원서를 검토해 주셔서 감사합니다. 저는 당신과 저의 자격에 대해 더 논의할 기회를 기대합니다.

진심으로, [사용자 이름]

아무래도 미국 기반이다 보니 우리나라 자기소개서보다는 미국의 채용담당자에게 직접 쓰는 레터 형식이긴 합니다. 그 정도는 수정할 수 있지만, 문제는 뭔가 겉도는 느낌이죠. 그래서 조금 자세하게 디지털 홍보대행사인 제이레퍼토리라는 회사의 마케팅 직무에 지원한다는 가상의 상황을 줘봤습니다. 가상으로 썼지만 예를 든 제이레퍼토리는 실제로 존재하는 회사입니다.

> "지금 쓴 장점과 단점에 대한 자기소개서로 제이레퍼토리라는 회사의 마케팅 직무에 지원하려고 해. 제이레퍼토리는 디지털 마케팅을 하고, 광고 영상을 만드는 회사야. 회사가 하는 일과 마케팅이라는 직무에 맞춰서 나의 장점과 단점에 대한 자기소개서 내용을 수정해 줄래?"

그러자 또 GPT는 한 치의 망설임도 없이 다음과 같이 자소서를 뽑아내 주었습니다.

> 제이레퍼토리의 마케팅 역할에 맞게 수정된 자기소개서 버전은 다음과 같습니다:
>
> **[채용 담당자 이름]**님께,
>
> 제이레퍼토리의 마케팅 **[포지션 이름]** 역할에 관심을 표명하기 위해 이 글을 씁니다. 저는 저의 분석적인 마인드와 타고난 호기심,

마케팅에 대한 열정이 디지털 마케팅 및 광고 회사에 매우 적합한 장점이 될 것이라고 확신합니다.

분석가로서 저는 디지털 마케팅 과제와 프로젝트에 체계적이고 데이터 중심적인 접근 방식을 도입할 것입니다. 저의 호기심은 복잡한 마케팅 문제에 대한 새롭고 혁신적인 해결책을 지속적으로 찾을 수 있게 해주며, 저의 강력한 분석 능력은 마케팅 캠페인의 효과를 측정하고 데이터 중심의 결정을 내릴 수 있게 해줄 것입니다. 이는 마케팅에 대한 저의 열정과 결합되어 혁신적이고 효과적인 디지털 마케팅 및 광고 솔루션을 만드는 제이레퍼토리의 사명에 보다 적합한 사람으로 저를 만들어 줄 수 있습니다.

하지만 저의 분석적인 강점에도 불구하고 프로젝트를 끝까지 완료하는 데 있어 끈기가 부족하다는 약점이 있다는 것도 인정합니다. 그러나 저는 프로젝트를 더 작고 달성 가능한 작업으로 나누어 팀의 피드백과 지원을 구함으로써 이러한 약점을 보완하기 위해 노력할 것입니다.

저는 제이레퍼토리의 마케팅 [포지션 이름] 역할에 저의 분석적이고 호기심 많은 사고방식을 도입하고자 합니다. 저는 영향력 있고 혁신적인 광고 영상과 디지털 마케팅 캠페인을 만드는 회사의 노력에 기여할 수 있을 것이라고 확신합니다.

제 지원서를 검토해 주서서 감사합니다. 나는 당신과 인터뷰에서 나의 자격에 대해 더 논의하기를 간절히 바랍니다.

진심으로, [사용자 이름]

단 두 번의 질문으로 뽑은 자소서인데요, 이것보다 좋은 퀄리티를 원한다면 조금 더 날카롭게, 그리고 자신의 요구사항을 담아 질문하면 됩니다. 질문하는 시간이 오래 걸리지 답변이 나오는 시간은 굉장히 짧습니다.

한국에서 자기소개서를 쓸 때는 STAR 기법에 맞춰서 쓰라는 얘기를 많이 듣습니다. STAR 기법은 'Situation, Task, Action, Result'의 약자로, 자신의 경험을 SSituation, TTask, AAction, RResult로 작성하는 글쓰기 구조를 말합니다.[47] 구체적인 상황에서 발생한 문제와 그것을 해결하기 위한 자신의 노력과 결과를 쓰는 거죠. Chat GPT에 자기소개서를 맡길 때 STAR 기법에 맞춰서 내용을 구성해 달라고 부탁해도 됩니다. 자신의 에피소드를 하나 가르쳐주면서 말이죠. 원래 STAR 기법은 미국 MBA 에세이를 준비할 때 많이 나오는 기법이니 Chat GPT에게 군이 설명해주지 않아도 이미 알고 있을 것입니다.

그러니까 자기소개서를 쓸 때는 구체적으로 요청을 할수록 자신이 원하는 자소서에 가까워진다는 것을 알 수 있습니다. 한번 내용이 들어간 자소서가 써지면 그것의 판을 바꿔가며 요청하면 꽤 쉽습니다. 처음에 틀이 잡히면 그다음에는 회사 이름, 직무 내용을 달리하는 식으로 그 자소서를 활용해서 여러 개를 빠르게 작성할 수 있습니다. 어차피 자기소개서에서 물어보는 내용은 거기서 거기이니까요. 그러면 채용 시즌에 50개씩 자소서를 쓰는 것도 가능해집니다.

만약 Chat GPT가 온라인에 연결되어서 실제로 제이레퍼토리의 홈페이지를 탐색할 수 있었다면 보다 더 맞춤형의 자기소개서가 나왔을 것입니다. 예를 들어, "삼성 SDS에 지원하는데 그에 맞는 자소서를 구성해줘"라고 했을 때, 온라인에 있는 합격 자소서 샘플들이 이 자소서

제이레퍼토리의 채용 홈페이지[48]

를 구성하는 데 그대로 레퍼런스가 되거든요. Chat GPT가 투자사인 MS와 협업을 진행한다고 하니, 온라인과 연결된 Chat GPT의 위력을 볼 날이 아주 멀지는 않은 것 같습니다.

Chat GPT가 쓴 자소서는 대필일까, 아닐까?
...

왜 Chat GPT에게 자기소개서를 맡기는 게 문제가 되는 걸까요? 이 부분에서 저는 한 가지 궁금증이 생겼습니다. 자기소개서를 Chat GPT에게 맡기면 이건 대필일까, 아닐까 하는 겁니다. 요즘 디자인은 아이디어는 창작자가 내지만, 실제 그림은 프로그램 툴로 그립니다. 아이디어는 창작자의 것이니 이런 경우는 디자인이 누구 것이냐를 따지지 않습니다.

2022년 8월에 게임디자이너 제이슨 앨런은 콜로라도 주립 박람회에서 열린 미술대회 '디지털아트·디지털합성사진' 부문에 작품 '스페이스 오페라 극장'으로 1등 상을 받습니다. 문제는 이 그림이 그림 생성 AI인 미드저니로 그려진 것이라는 점이었습니다. 작가는 출품할 때 그 부분을 밝혔습니다. 미드저니는 창작자가 키워드를 입력하면 그 키워드에 맞게 그림을 출력하는 방식입니다. 직접 그림을 그리는 것은

Photo Credit: Théâtre D'opéra Spatial—Jason M. Allen[49]

아니지만, 인간은 아이디어를 제공합니다. 그리고 보통 한 번에 원하는 구도의 그림을 얻기는 힘들고 자신이 원하는 그림이 될 때까지 몇 번씩 키워드들을 구체화하고 다듬어가며 반복해야 합니다.

그런 점을 인정받아서 이 그림은 1위를 차지했습니다. '람보르기니를 타고 마라톤에 출전한 격'이라는 대중들의 비판도 있었지만, 전문가들은 오히려 제프 쿤스 같은 현대미술가들이 공장에 의뢰해 작품을 제작하는 상황에서 '직접 그렸느냐'를 따지는 것은 무의미하다는 변론을 하기도 했습니다. 어쨌든 AI 작품을 만드는 과정도 결국 사람이 하는 거라는 주장이죠.[50] 이는 창작성을 인정받은 것입니다.

자기소개서도 퀄리티 좋은 것을 뽑아내려면 결국 자신이 여러 가지 질문을 해가며, 자신의 이야기들을 설정해 주어야 하니까 무조건 표절이라고 할 수는 없지 않을까요? 무엇보다 자신의 이야기를 쓴 것이니 표절의 대상이 없습니다. 디자이너들이 그림 그리는 툴을 쓰듯이, 글 쓰는 것을 도와준 툴을 쓴 것뿐입니다. 사실 기계가 사람은 아니니까 '남'이 써준 것은 아니겠지만, '무언가'가 대신 써준 것은 맞긴 맞습니다. 하지만 사용자의 창조적 노력도 약간 들어가다 보니, 취준생이나 입시준비생 입장에서도 만약 AI 자소서가 문제가 된다면 할 말은 있다는 것입니다.

자소서 마켓의 몰락
...

두 가지를 예상할 수 있습니다. Chat GPT를 활용해서 자소서의 빠른 생산이 가능해지기 때문에 취준생들의 묻지마 지원이 늘 수 있다는 겁니다. 보통 지원자들은 채용 시즌에 '최대한 많은 회사에 지원해 보자' 결심하지만, 지원자들은 자소서 쓰는 것이 너무 힘들어서 '3~5개만 쓰자'는 식으로 결심을 축소하거든요. 그런데 자소서 쓰는 것이 한결 쉬워지니까 원래대로라면 아예 넣지도 못했을 숫자의 기업에도 일단 원서를 넣게 되는 것입니다. Chat GPT를 썼다가 문제가 되면 어떻게 하냐고요? Chat GPT가 없었으면 아예 넣지도 못한다니까요. 문제가 되면 할 수 없는 거죠. 그러니 꼭 가고 싶은 기업은 자신이 쓰더라도 (사실 이것도 Chat GPT가 한 번 쓴 것을 수정하는 식으로 하겠지만), 어차피 못 쓸 기업들은 Chat GPT에게 '열일'을 시킬 것임에 틀림없습니다.

자소서를 컨설팅해주거나 심지어 대필해주는 사람들의 일자리는 한순간에 사라질 수 있습니다. 아마 학교에 배치되어 있는 컨설턴트의 주업무를 자소서 첨삭이 아닌, 진로 상담이나 학업 플랜 짜기로 바뀌어야 할 것입니다.

또 한 가지 예상되는 것은 기업에서 '자기소개서 무용론'이 제기될 수 있습니다. 그래서 자기소개서를 안 받거나 받아도 선별과정에서 크게 의미를 두지 않을 가능성도 있습니다. 블라인드 채용이라고 해서 서류에 점수를 크게 주지 않고, 필기시험으로 1차 인원을 선발하는 프로세스를 가진 공기업의 경우, 자기소개서가 선별 과정에서 그리 중요하지 않거든요. 유명무실해지는 자소서인데, 괜히 그거 쓴다고 취준생들의 부담감만 가중시키느니 결국 없애자는 논의가 수면으로 떠오를 수 있습니다. 어쩌면 구직자들이 가장 싫어하는 자기소개서를 Chat GPT가 없앨 수도 있는 거죠. 이러다가 Chat GPT가 취준생들에게 잔다르크와 같은 혁명의 영웅으로 추앙받는 건 아닌지 모르겠습니다.

입시에도 영향을 주는 Chat GPT

...

자기소개서는 취업에만 쓰이는 게 아닙니다. 입시에서도 자소서는 중요합니다. 이 역시 Chat GPT의 영역을 벗어나지는 않지만, 취업과 달리 입시에서 Chat GPT 사용이 드러나게 되면 조금 더 곤란한 상황을 겪게 될 수 있습니다. 특히 미국 대학들은 SAT 점수와 고등학교 내신 점수, 에세이를 대학에 제출하고 평가를 받아 합격 여부를 결정하는 경우가 많은데, 이때 에세이는 매우 중요한 비중을 차지합니다. 그런데 이 에세이가 Chat GPT로 작성될 가능성이 있는 거죠. 탐색 AI로 Chat GPT 작품이라는 것을 밝혀내도, 학생이 아니라고 우기면 그야말로 증명이 쉽지 않습니다. 이 과정에서 억울한 학생이 생길 수도 있는 것이니까요. 결국 입시에서의 에세이도 종국에는 중요성이 떨어질 수 있습니다.

직장인들의
업무 경험이 달라진다

회사 문서, 기획서, 공문서에 활용하기

오피셜한 문서의 덜 중요한 빈칸들
...

한번은 공기업의 입찰과정에 심사위원으로 참여한 적이 있었습니다. 10팀 정도가 PT 발표를 하는데, 처음 한두 팀이야 그렇다 쳐도 3~4팀 정도의 발표가 지나자, 사업 배경이나 사업의 의의 같은 것은 정말 듣기 힘들더라고요. 다 비슷비슷하고 처음부터 과업지시서에 어느 정도 제시된 것들이어서, 급기야 듣다 못한 심사위원장님이 발표하시는 분들에게 1, 2장은 건너뛰고 핵심 아이디어가 있는 3장부터 발표하라고 주문하셨습니다. 하지만 발표하는 기업들은 들은 척도 하지 않고 1장부터 계속 발표를 했지요. 발표 준비를 그렇게 해왔기 때문에 갑자기 건너뛰는 것도 부담이었을 겁니다.

기업 입장에서는 처음부터 서류에 사업 배경이나 시장 상황 같은 것들을 넣지 않자니 애매합니다. 여러 명이 한꺼번에 발표해서 그렇지 기획안으로만 보자면 기-승-전-결이 있어야 하거든요. 공개입찰 서류는 이 부분이 대동소이하기 때문에, 심사하는 입장에서는 차별을 두고 보기가 어렵습니다. 만약 공란으로 비어 있다면 감점 요소가 되겠지만, 비슷비슷한 말로 채워져 있다면 점수로 차별을 둘 포인트는 아닌 거죠.

바로 이런 부분의 공란을 효과적으로 채워주는 것이 Chat GPT입니다. 게다가 Chat GPT가 출력하는 것을 보면 대부분 조심스러운 원론적인 입장을 보여주거든요. 공식적인 문서에 넣기 딱 좋은 톤입니다. 핵심 아이디어나 사업 차별화 포인트가 아니라면 사실 큰 영향은 없지만, 공적으로는 반드시 작성해야 하는 그런 부분들을 채울 때 Chat GPT의 활약은 뛰어날 겁니다. 제안서 쓰는 작업에 4명이 필요하다면 인원을 2명으로 줄이는 것도 가능합니다. Chat GPT가 자료도 잘 찾아줄 거거든요. 아직까지 공식 문서나 제안서에 Chat GPT를 썼다 문제가 되었다는 뉴스는 없습니다만, SNS에는 '이번 제안서에 Chat GPT를 활용했다'는 고백 혹은 무용담들이 가끔 올라옵니다. 사실 그런 문서에 Chat GPT를 사용한다고 해서 문제가 될 것도 없죠.

GPT, 퇴사 사유 좀 써줄래?

...

직장 문서 중에서도 그다지 중요하지 않지만 칸은 채워야 하는 것들이 있습니다. 예를 들어, 퇴사하는 사람에게 퇴사 사유를 자세하게 써 달라고 요구하는 회사도 있거든요. 진짜 이유를 쓰기도 애매하고 (누군가를 저격하는 글이 될 확률이 50% 이상이잖아요), 적당하게 쓰자니 그게 더 어렵습니다. 여기서 바로 Chat GPT의 도움을 받을 수 있습니다.

"10년 동안 다닌 회사를 퇴사하려고 하는데, 퇴사 이유를 회사에 제출해야 하거든. 그것 좀 써줄 수 있을까?"

회사에서 10년 동안 헌신적으로 일한 후 저는 제 기술을 더욱 발전시키고 전문적으로 성장할 수 있는 새로운 기회를 모색하기로 결

정했습니다. 여기서 일하는 동안 얻은 기회와 경험에 감사하고 저
는 다음 단계가 새로운 도전과 보상을 가져올 것이라고 확신합니다.
수년 동안 지원과 멘토링을 제공한 경영진과 동료들에게 감사드립
니다.

여러 번 다듬지도 않고 그냥 딱 한 번 질문에 바로 나온 결과입니다.
어차피 퇴사서류에 내는 답이고, 모난 내용도 없으니 바로 이 서류를
내기로 결정했습니다. 퇴사 때문에 더 이상 시간을 소모하기 싫으니까
요. 질문을 입력하는 시간까지 합쳐 10초도 걸리지 않았습니다.

중요하지는 않으나 글로 안 채울 수 없는 이런 식의 공란들은 Chat
GPT가 다 채워줄 날이 곧 올 것 같습니다. 그런데 더 중요한 것은
Chat GPT의 성능이 올라갈수록 중요한 서류들까지 Chat GPT의 영
역으로 넘어올 수 있다는 점입니다. 처음에는 제안서의 서론이나 배경
같은 것들만 쓰겠지만, 자료 조사를 하고, 제안서에 있는 내용을 점점
학습해서 고도화될수록 핵심 제안 사항 자체를 Chat GPT가 만들어
낼 수도 있습니다. 전체 뼈대를 짤 수도 있고요. 지금도 Chat GPT는
전체 목차를 잡는다거나 논문의 개요를 써달라는 부탁에 매우 잘 반
응하고 있거든요. 실제 Chat GPT가 논문을 쓴 사례들도 속속 등장했
습니다. 시오반 오코너 영국 맨체스터대 간호학과 교수는 2022년 12

월에 '간호 교육에서의 공개 AI 플랫폼: 학문적 진전 또는 남용을 위한 도구'라는 논문을 국제 학술지에 실었습니다. 그리고 Chat GPT가 이 논문의 제2 저자이자 공동 저자로 이름을 올렸습니다.[51] 어디까지 Chat GPT가 썼는지는 모르겠지만, 공동 저자 수준이라면 그 역할이 적지는 않았을 테죠.

예전 AI의 성능을 생각하시는 분들은 의아할 수 있습니다. "우리 집 AI 스피커는 '소리 좀 낮춰줘'라는 말도 잘 못 알아듣는데, 국제 학술지의 논문을 쓰는 게 가능한가?" 생각할 수 있지만, Chat GPT의 문장들은 실제 논문이나 보고서에 쓰일 만큼 수준이 높습니다. 미국 노스웨스턴대 연구진은 최근 논문 사전 게재 사이트인 '바이오아카이브bioRxiv'에 Chat GPT로 작성한 의학 논문 초록이 표절 검사를 통과했으며 10편 중 3편가량은 전문가들도 가려내지 못했다고 밝혔습니다.[52]

덜 중요한 빈칸에서 중요한 빈칸으로

...

처음에는 그냥 중요하지 않은 빈칸 채우기 정도에 유용할 거라고 생각했던 Chat GPT였지만, 성능이 생각보다 좋다는 것이 밝혀지자

속속 여러 분야에서 중요한 문서에 써도 '괜찮겠다'라는 호평이 들리고 있습니다.

2023년 1월에는 Chat GPT가 작성한 연설문이 정식으로 미국 의회에서 낭독되었다고 하죠. 제이크 오친클로스 미국 하원의원이 미국과 이스라엘에 공동으로 AI 연구센터를 설치하는 내용의 법안을 소개했는데, 이때 사용한 연설문이 바로 Chat GPT가 작성한 것이라고 합니다.[53] 물론 이는 연설문을 작성하기 귀찮은 보좌관이 설렁설렁 일을 하다 생긴 해프닝이 아닌, AI가 이만큼 우리 삶의 일부가 될 것이라는 점을 보여주고 싶었던 퍼포먼스였습니다. 의원은 연설 후에 "서프라이

Nurse Education in Practice
Volume 66, January 2023, 103537

Editorial

Open artificial intelligence platforms in nursing education: Tools for academic progress or abuse?

Siobhan O'Connor [a] ✉[1] ChatGPT [b] ✉

ᵃ Division of Nursing, Midwifery, and Social Work, The University of Manchester, Manchester, United Kingdom
ᵇ OpenAI L.L.C., 3180 18th Street, San Francisco, CA 94110, USA

Available online 16 December 2022, Version of Record 20 December 2022.

Chat GPT가 공동 저자로 실린 국제 학술지 Nurse Education in Practice[54]

즈!"라고 하면서 '이 연설문은 사실 AI가 작성한 것'이라고 공개했습니다. 당연히 연설이 이루어지는 동안 아무도 이것이 AI가 작성한 것이라고 눈치 채지 못했습니다.

콜롬비아의 후안 마누엘 파디야라는 판사는 Chat GPT를 이용해 판결문을 썼다고 고백하기도 했습니다. 부모가 자폐 자녀의 의료비 면제를 청구한 소송에서 이 문제에 대해 Chat GPT와 상의하고, 판결문 작성까지 부탁했다는 것입니다. 다른 사람의 인생에 큰 영향을 미치는 중대한 결정을 하는데, 무료 인공지능 서비스를 이용했다는 것에 대해서 무책임하다는 시민들의 비난도 있었지만, 판사는 "Chat GPT는 비서 역할을 한 것으로 사법부의 대응 시간을 개선해줄 수 있다"고 대답했습니다.[55]

우리나라의 윤석열 대통령도 새해 업무보고 자리에서 Chat GPT를 사용한 후기를 공직자들과 공유했다고 하죠. 윤 대통령은 올해 자신의 신년사를 Chat GPT에게 맡겼는데 "몇 자 고치면 그냥 신년사로 나가도 괜찮을 정도였다. 정말 훌륭하더라"라고 말했습니다.[56] 대통령 신년사도 가능한데 중소기업 CEO의 신년사나 지자체장의 신년사가 불가능할 리 없죠. 이처럼 사용자들의 인정이 뒤따르고 있는 만큼 꽤 중요한 문서에도 Chat GPT 적용은 봇물을 이룰 것으로 예상됩니다.

제이크 오친클로스 미 하원의원이 Chat GPT로 작성된 원고로 연설을 하고 있다 / 유튜브[57]

구조와 흐름을 짜는 일까지

…

　개인적으로 Chat GPT의 현재 능력 중에 가장 감탄한 것은 목차를 짜는 일입니다. 저는 1년에 책을 3~4권씩 내는데, 저의 책 쓰기 루틴 중 핵심이 바로 '목차 짜기'거든요. 목차를 짠다는 것은 글의 핵심과 흐름을 잡는다는 뜻이니, 목차만 잘 짜도 책의 반 정도는 완성한 것이나 다름없습니다. 그런데 목차 짜기를 처음부터 완벽하게 하려면 엄청난 시간과 고통이 따릅니다. 처음부터 완벽할 리가 없으니까요. 그래서 일단 빠르게 목차를 잡고, 생각하고, 서술하면서 수정하는 식으로 작업을 진행합니다. 그런데 Chat GPT는 목차를 엄청 빠르게 잡습니다. 물론 너무 뻔하고 일반적인 목차지만, 일단 이 뼈대에서 어떻게 반전을 주고, 어떻게 새로운 아이디어를 접목할까 생각하는 것이 훨씬 빠르게 목차를 완성하는 길입니다.

이미 Chat GPT를 활용해서 논문이나 과제의 목차를 짜거나 제안서, 사업계획서, IR 문서 등 다양한 문서들에 Chat GPT가 활발히 쓰이기 시작했습니다. 그렇다는 얘기는 문서의 전체 흐름의 설계를 Chat GPT에게 의뢰했다는 뜻입니다. 그런데 사람의 통찰과 참신한 아이디어가 그렇게 중요하지 않은 분야라면, 이 정도 목차만으로도 중간은 할 수 있겠다 싶은 무난한 목차들이 꽤 나옵니다. 예를 들어, 저는 다음과 같이 요청을 해봤습니다.

"한국 음식과 문화를 미국에 전파할 수 있는 사업을 하려고 해. 편집 숍을 열어서 한국 길거리 음식 프랜차이즈들을 소개하고, 거기서 한국 문화를 가르치거나 한국 물건들을 팔 거야. 이런 사업의 투자자들을 모으기 위한 제안서가 필요한데, 이 제안서의 목차를 짜 줄래?"

물론이죠! 여기 요청하신 비즈니스 제안서에 대한 목차를 제안합니다.

I. 핵심요약

IV. 마케팅 및 영업 전략

    A. 개요

    B. 마케팅 계획

    C. 판매 계획

    D. 가격 전략

    E. 유통 경로

V. 운영 계획

    A. 개요

    B. 위치 및 시설

    C. 장비 및 재고관리

    D. 공급업체

    E. 생산 계획

VI. 재정 계획

    A. 소개

    B. 매출 전망

    C. 비용 예측

    D. 현금 흐름 예측

    E. 대차대조표

    F. 손익분기점 분석

아주 평범한 제안서가 나왔습니다. 하지만 그렇기 때문에 투자자들에게는 가장 익숙한 형식이기도 할 겁니다. 이걸 바탕으로 수정해가면서 작성하면 헤매는 시간도 줄어들고, 아주 효과적일 것 같습니다. 예전에는 이런 투자제안서를 작성하려면 다른 사람이 쓴 샘플을 구해서 참고해 목차를 따야 했는데, 이제 노멀한 폼은 이렇게 Chat GPT에게 부탁하면 금방입니다. 이제 각 항목마다 Chat GPT와 상의해 가면서 구체적으로 작성해 나가면 됩니다.

4

스토리가 필요해?

시나리오, 웹소설, 웹툰, 게임 기획
그리고 책 쓰기

아이를 위한 동화도 만드는 Chat GPT

...

앞서 논리적이고 공식적인 성격의 문서들에서는 Chat GPT의 산출물을 그대로 써도 어느 정도 통한다는 것을 알았습니다. 그런데 창의적이고 변칙적인 문서에서는 어떨까요? 스토리를 창작하거나 시나리오를 쓰고, 게임의 세계관을 만드는 일 같은 거요. 아무래도 어렵지 않을까 싶은 생각이 드는데 알고 보면 그렇지도 않습니다.

Chat GPT 3.5가 처음 대중들에게 공개된 것은 2022년 11월 30일이었습니다. 그런데 공개한 지 며칠밖에 되지 않았는데도 Chat GPT는 대박 조짐이 보이며 인구에 회자되기 시작했습니다. 그중에 하나가 영국 드라마 시트콤의 대본을 Chat GPT가 썼다는 것이었죠.[58] 시트콤 대본이라면 그야말로 창의성이 필요한 일이잖아요. 유머 코드도 알아야 하고요. 지금도 Chat GPT의 창의적 창작 기능에 대해서는 계속 증언들이 나오는 중입니다. 아이를 위한 동화를 만들어 달라고 했더니 금방 만들어줬다고도 하죠. 처음에는 너무 평범하고 뻔한 이야기였지만, 구체적인 상황과 설정, 배경, 등장요소 등을 지정하자 점점 원하는 이야기에 가까워졌다고 합니다.

지금 Chat GPT에 접속해서 여러분의 이름 혹은 여러분 자녀의 이름이 들어간 동화나 소설을 써달라고 해보시면 망설임 없이 무언가를 쓸 것입니다. 하지만 매우 평범하긴 할 거예요. 여기에 특별함을 부여하기 위해서는 여러분의 요청이 필요합니다. Chat GPT로 스토리를 만들 때는 구체적으로 지정하는 것이 많아질수록 원하는 스토리로 만들어집니다. 이러저러한 소재를 넣어달라느니, 주제는 이렇게 하라느니, 이런 장면이 나오면 좋겠다느니 하는 식으로 개입을 하면 할수록 그럴듯한 이야기가 됩니다. '이럴 바에는 이야기 자체를 그냥 만드는 게 낫지 않을까?' 싶지만 아닙니다. 기획을 하거나 회의할 때를 생각해보면 어떤 안을 가지고 수정하는 쪽이 빠르지, 처음부터 안을 만들어 나가는 것은 시간이 많이 걸리는 매우 비효율적인 방법입니다. Chat GPT가 형상화한 이야기를 수정해가는 방법으로 접근하면 생각보다 독특하고, 개성 어린 이야기를 만들 수도 있습니다. 비교적 빠른 시간 안에 말이죠.

좀비와 드라큘라가 나오는 넷플릭스 드라마

...

창의성이 필요한 스토리 짜기에서도 사람의 역할은 절대적인 게 아닙니다. 스토리 회의에 참여해서 아이디어 하나 내지 않고 그냥 받아만 적다가, 하라는 것이나 하는 식의 자세를 가진 사람들은 앞으로 살아남을 수가 없습니다. 물론 창의력이 필요한 업무에서 이런 사람들은 지금도 살아남기 힘들지만, Chat GPT를 본격적으로 활용하게 되면 생존하느냐 마느냐의 문제가 아니라 아예 존재의 필요성이 없어집니다. 필요한 것은 총감독처럼 아이디어의 큰 상을 가지고 있는 사람입니다. Chat GPT를 활용해서 시나리오를 만들거나 스토리를 창작할 때, 최적의 효과를 얻기 위해서 사람이 맡아야 할 역할은 기획자거든요. 오케스트라로 보자면 지휘자이고, 영화로 친다면 감독입니다.

지휘자도 감독도 본인이 직접 작품을 만드는 것은 아니죠. 바이올리니스트, 플루티스트 등 직접 연주하는 사람들이 선율을 만들고, 촬영감독, 배우, CG 담당 등 실무를 맡은 사람들이 영화를 만듭니다. 하지만 지휘자가 없고 감독이 없는 영화는 상상하기 힘들죠. 큰 흐름을 알고, 그 흐름을 현장에서 바로바로 작업자들에게 인지시켜 줘야 합니다. 세부적인 장면에서의 그림도 어느 정도 그려져 있어야 하죠. 현장에서 적용하다 보면 달라질 때도 있지만, 기본적으로는 어느 정도 전체적인 상을 가져야 합니다. 이런 큰 그림이나 기획, 생각을 가진 상태에서 사람이 Chat GPT를 활용해 같이 작업을 한다면 생각보다 훌륭한 결과물이 도출될 수도 있습니다. 드라마를 만들 때, 메인 작가가 있고 그 밑에 보조 작가들이 있는데, 이 보조 작가의 필요성을 현저히 줄여줄 수 있는 게 바로 Chat GPT입니다. 물론 그러려면 메인 작가가 Chat GPT를 잘 활용해야 하겠죠.

그럼 이번에는 제가 내일까지 넷플릭스 관계자에게 시놉시스를 제출해야 하는, 마감에 쫓기는 시나리오 작가라 생각하고 한번 Chat GPT를 활용해보겠습니다.

"좀비와 드라큘라가 나오는 넷플릭스 시리즈를 만들려고 해. 총 4부작으로 기획하고 있어. 배경은 대한민국이고, 시간으로 보면 2045년

쯤이야. 대강의 시놉시스를 써줄 수 있어?"

물론이죠. 여기 넷플릭스 시리즈의 대략적인 시놉시스가 있습니다.

제목: 좀비와 드라큘라: 서울 연대기Zombie and Dracula: The Korean

Chronicles

Episode 1: 언데드의 등장The Rise of the Undead

드라마는 2045년 한국에서 시작된다. 미스터리한 바이러스가 급
속도로 퍼져 사람들을 좀비로 만들어 버린다. Lee라는 카리스마
넘치는 영웅이 이끄는 소수의 생존자들은 혼돈 속에서 살아남기
위해 노력하고 있다. 그들은 치료법을 찾다가 좀비 발병에 대한
해결책을 가지고 있다고 주장하는 신비한 인물을 우연히 발견하
게 된다. 바로 수세기 동안 숨어 지내온 악명 높은 뱀파이어 드라
큘라였다.

Episode 2: 뱀파이어의 거래The Vampire's Bargain

Lee와 그의 그룹은 드라큘라의 제안에 회의적이었지만 곧 그가
치료법을 찾을 수 있는 유일한 희망임을 깨닫는다. 그러나 그의
도움에 대한 대가로 드라큘라는 Lee의 팀원 중 한 명의 피를 요구
한다. 치료법을 찾고 친구를 구하기 위해 시간을 다투는 Lee와 그

의 팀은 절박한 상황의 현실을 직시하고 악명 높은 뱀파이어를 믿을지 여부를 결정해야 한다.

Episode 3: 서울을 위한 전투The Battle for Seoul

치료법을 손에 들고 Lee와 그의 팀은 친구를 구하고 좀비 발생을 막기 시작했다. 하지만 서울 중심부에서 강력한 좀비 무리와 맞서게 되면서 그들의 임무는 끝나지 않는다. 도시가 혼란에 빠지자 Lee와 그의 팀은 좀비들을 물리치고 친구를 구하기 위해 재치와 용기, 힘을 사용하여 거리에서 싸워야 한다.

Episode 4: 여파The Aftermath

전투는 끝났지만 그 여파는 끝나지 않았다. Lee와 그의 팀은 좀비 발발의 여파로 삶을 재건하려고 노력하면서 그들이 본 공포와 희생에 대한 기억에 시달린다. 한편 드라큘라는 계속해서 그림자 속에 숨어 다음 공격 기회를 기다리고 있다.

이 대략적인 시놉시스는 시리즈의 프레임워크와 추가 개발 및 개선을 위한 출발점을 제공합니다. 물론 창의적 비전에 가장 잘 맞도록 필요에 따라 아이디어를 자유롭게 수정하고 확장할 수 있습니다.

결과를 보고 정말 깜짝 놀랐습니다. 더 구체적인 요구도 없었고, 자세한 상황설정도 없이 딱 저렇게만 질문을 했는데, 한 번에 나온 내용을 읽자마자 진짜 전형적인 넷플릭스 시리즈 같았거든요. 제목이나 각 부의 설명을 보면 실제 넷플릭스에서 시리즈의 정보 및 회차를 눌렀을 때 나오는 설명 같은 느낌이잖아요. 게다가 더욱 기막힌 것은 4부 마지막에 보면, 그림자 속에 숨어 다음 공격의 기회를 노리는 드라큘라의 모습이 그려지며 끝난다는 것입니다. 다음 시즌을 위해 떡밥을 남겨 놓는 전형적인 넷플릭스 시리즈의 결말이죠(저래 놓고 다음 시즌 제작 안 해서 열 받은 작품들이 많죠).

그런데 아무래도 3부의 본격적인 전투가 벌어지는 장면의 묘사가 시원치 않은 것 같아서 추가 질문을 해봤습니다.

> "3부의 좀비와 싸우는 장면이 좀 부실한 것 같은데, 이 싸움의 방법이
> 나 전개에 대해서 조금 더 자세하게 묘사해 줄 수 있어?"

그랬더니 갑자기 연결이 끊겨버렸습니다. 시간을 보니 이제 미국이 잠에서 깰 때였습니다. 엄청난 연결이 시작될 때라는 거죠. 이래서 연결이 안정적으로 되는 월정액 모델을 결제하는구나 싶었습니다. 몇 번 연결시도를 해봤지만 허사였습니다. 뻔하지만 굉장히 넷플릭스 냄새

넷플릭스 화면 캡처

가 많이 나는 시놉시스가 은근히 마음에 들어서 그냥 두기로 했습니다. 저는 심심풀이로 시놉시스를 만들게 한 것이지만, 정식으로 시나리오를 쓰는 작가가 자신의 자료와 생각, 방향성을 가지고 수정해가면서 만들면, 얼마든지 정식 시나리오를 만들어 내겠다 싶었습니다. Chat GPT가 구체적으로 들어가면 장면에 맞는 대사까지 직접 쓴다고 합니다. Zombie and Dracula 시리즈가 더 궁금하신 분은 넷플릭스에 메일을 보내셔서 이 시리즈를 보고 싶다고 말해주세요. 저한테 연락하라고요. Chat GPT와 함께라면 넷플릭스 드라마 한 편 쓸 수도 있지 않을까 싶네요.

웹툰, 웹소설, 게임 기획

...

저와는 다르게 이 결과물이 마음에 들지 않는 분도 계실 겁니다. 그래도 괜찮습니다. 이게 첫 질문이었을 뿐이니까요. 마음에 드는 시놉시스를 찾아가는 첫발일 뿐이니, 계속 Chat GPT와 대화하면서 좋은 이야기로 만들어 갈 수 있습니다.

시놉시스가 나오면 등장인물을 정하고 캐릭터를 부여합니다. 그리고 사회, 문화, 공간, 시간적 배경을 조금 더 자세하게 설정한 후에, 각 부의 기승전결을 만듭니다. 그리고 개별 신들로 쪼개고, 그 신에 맞는 대사들을 넣으면 됩니다. 그렇게 자신만의 시나리오를 만들 수 있습니다. 당연히 웹소설이나 웹툰 같은 것도 가능해집니다. 웹툰은 그림 그려주는 AI와 연동이 되어야 하기 때문에 한 단계가 더 있는 셈이지만, 웹소설은 Chat GPT의 기능을 활용하면 바로 결과물이 나오니까, 이런 도구를 사용해 창작하는 사람이 기하급수적으로 늘어날 것입니다. 게다가 작가 승인을 받지 않고 도전할 수 있는 사이트들도 있으니, 이제는 아이디어와 구성능력만 있으면 누구나 웹소설 작가가 될 수 있는 시대가 열린 것과 다름이 없습니다.

Chat GPT를 활용해서 만든 최종 결과물이 꼭 마음에 들지 않는다 하더라도 만들어 가는 과정에서 자신의 창작물을 만들어 갈 인사이트나 배경을 얻을 수 있다는 점에서 Chat GPT 활용은 또 다른 의미를 가집니다. 그러니 아이디어 점검이나 동료와 함께 회의한다는 느낌으로 Chat GPT를 활용할 수도 있습니다. 게임 전문 미디어에서 Chat GPT를 활용해 구체적으로 게임 기획을 한 과정에 대한 기사도 있으니 이런 식으로 활용할 수 있다는 것도 참고해 보시면 좋을 것 같습니다.

책 쓰는 Chat GPT

...

모든 사람들이 작가가 될 수 있는 시대라고 합니다. 아무래도 자신의 이름이 새겨진 종이책을 가지고 싶어 하는 경향이 있죠. 웹으로 작가가 되기 편해진 세상이 되다 보니 전통적 의미의 종이책 작가가 더 그럴듯해 보이기도 합니다. 이미 SNS상에는 Chat GPT를 활용한 책쓰기 강의가 열리고 있습니다. 종이책이 아니더라도 웹으로 출판하면 굳이 출판사를 끼지 않더라도 바로 출판이 가능하거든요. 자신이 가진 노하우나 경험, 스토리를 이제는 얼마든지 책으로 풀어놓을 수 있게 된 것입니다.

"인스타 마케팅에 관한 나의 노하우를 책으로 쓰고 싶어. 일단 목차를 짜줄래?" "고졸 출신으로 외식기업 CEO에 이르기까지 고생한 이

Chat GPT로 게임 기획을 한 기사[59]

야기를 책으로 쓰고 싶은데 간단한 개요를 생각해 줄래?"와 같은 질문
으로 시작하면 됩니다. 당연히 정보가 없으니 부실한 대답이 나오겠지
만, 대화를 통해서 여러분의 정보를 알려주고, 그것이 글로 바뀌는 과
정을 지켜보면 됩니다. 적절한 수정을 해가면서요. 수정이 거듭될수록
여러분의 노하우나 스토리가 들어가면서 여러분만의 창작물을 만들
수 있습니다.

Chat GPT가 바꾸는 세상의 모습 중에서 가장 일차적인 것은 누구
나 글을 쓰고 누구나 작가가 될 수 있는 환경이 만들어진다는 것입니
다. 아이러니하게도 책 읽는 사람은 점점 사라져 가는데 작가는 늘어
나는군요. 예전에는 몇몇 전문가가 책을 쓰고, 대중들이 책을 읽었는
데 이제는 대중들이 책을 쓰고, 몇몇 전문가만 책을 읽는 세상입니다.
그리고 Chat GPT는 그런 변화를 더욱 가속화시킬 것 같습니다.

이렇게까지
간편해진다고?

홍보, 마케팅 자동화

Chat GPT로 수십 개의 게시물
2분 만에 자동 생성해서 올리기

···

1) "Chat GPT로 2분 만에 블로그 글 수십 개를 자동 생성하는 방법 (비 개발자도 완전 가능)"[60]

2) "#ChatGPT를 이용해 AI 유튜브 영상 10분 만에 만들었어요. 여러분 AI 맘껏 이용하세요."[61]

3) "챗GPT로 인스타그램! 30초 만에 포스팅 자동화하는 핵! 1일 1포 30초면 가능! (왕초보도 완전 가능! 초대박! #chatgpt #zapier 강의)"[62]

4) "Chat GPT: AI로 월 400만 원 추가로 버세요. 영어를 하나도 못하는 내가 10분 만에 영문으로 1시간 40분짜리 영상 유튜브 채널 만들기!"[63]

Chat GPT로 자동화 콘텐츠를 만드는 방법을 알려주는 유튜브 영상들에 붙은 제목입니다. 여러 프로그램을 잘 사용하시는 분들은 영상, AI 휴먼, AI 음성 프로그램 같은 것들을 자동으로 연결되게 세팅해 놓아서, 몇 가지 명령만으로 인스타그램이나 유튜브에 콘텐츠를 자동으로 올라가게 하기도 합니다. 2분 만에 블로그 수십 개를 포스팅

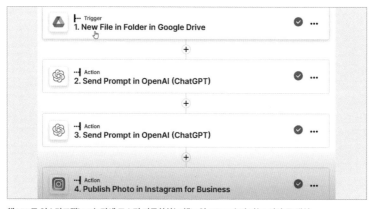

챗GPT로 인스타그램! 30초 만에 포스팅 자동화하는 핵! 1일 1포 30초면 가능! 영상 중 캡처

해서 자동으로 올라가게 할 수도 있습니다. 이 중에 3번 영상은 사진을 가져다 붙이는 것만으로도 인스타그램에 계속 다른 게시물을 올릴 수 있게 하는 방법을 설명하고 있습니다. 사진만 드롭했을 뿐인데, 광고문구, 해시태그까지 매번 다르게 인스타그램에 자동으로 피드가 생성됩니다. 이 영상에서는 그 방법을 구체적으로 설명하고 있습니다.

재피어라는 자동화 프로그램을 활용해서 Chat GPT와 인스타그램을 연결하고, 구글 드라이브에 사진 파일을 올려놓으면 작동이 시작됩니다. 자동으로 Chat GPT에 광고문구와 해시태그를 작성하라는 명령이 내려지는 거죠. 그리고 마지막으로 인스타그램에 연결해서 각각 생성된 문구와 해시태그가 반영된 피드를 올리는 겁니다. 자세한 설명은 직접 영상을 보시면 됩니다.

이게 너무 어렵다면 Chat GPT로 문구만 작성해서 그대로 복사해서 붙여넣기 하면 되니까, 반자동으로 운영하는 방법도 있습니다. 인스타그램에 광고나 마케팅 목적으로 게시글을 올릴 때, 제일 고민되는 것이 문구일 겁니다(개인 계정이면 그냥 사진 한 장만 올려도 되겠지만요). Chat GPT로 광고문구를 만들면, 이 부분에 들어가는 고민과 망설임의 시간을 줄여주니 아주 효율적인 방법이 됩니다. 처음에는 광고문구가 마음에 안 들 수 있지만, 역시 다양한 정보를 주고 상황에 맞는 요청을 하면 꽤 만족스러운 결과물을 얻을 수 있을 것입니다.

영상 자동 생성에 자동 업로드가 된다니!

...

유튜브 영상도 아예 자동으로 만들어서 업로드까지 하는 경로를 공유하는 영상도 있습니다. 〈콘텐츠해커-게으르게 돈 버는〉이라는 채널에 올라온 "챗gpt 자동화 끝판, 실사 영상 제작부터 유튜브 업로드까지!"[64]라는 영상인데, 이 영상에서 말하는 방법은 타이프폼Typeform, Chat GPT, 신시아라는 프로그램을 연결하는 방법입니다.

먼저 온라인 서베이 서비스 솔루션 '타이프폼'을 이용해서 Chat GPT에 검색할 키워드나 내용 등 요구할 사항을 정리하게 합니다. 그리고 자동화 툴인 재피어를 사용하죠. 쉽게 말하면 프로그램들을 연결시켜 주는 도구입니다. 재피어로 타이프폼에서 정리한 요구사항을 Chat GPT에 입력하고 유튜브 대본을 받습니다. 이 대본을 검토하는 단계도 있지만 이건 생략하고, 그다음 단계로 영상을 업로드 할 때 필요한 영상 정보나 설명, 해시태그들을 Chat GPT로 받습니다.

그러고 나서 신시아라는 프로그램과 연결하는데 AI 휴먼에 대본대로 영상의 입 모양을 맞춰주는 그런 프로그램입니다. Chat GPT로 만들어진 대본을 신시아에서 영상화했다면 유튜브에 업로드 하는 단계만 남습니다. 이것까지 재피어에서 자동화하면 끝입니다. 처음 세팅은 복잡하지만, 한번 해 놓으면 다음부터는 자동으로 영상이 만들어져서

아직도 힘들게 영상 만드시나요?? 자동으로 유튜브 영상 3분 만에 만들기 영상 중 캡처[65]

유튜브에 업로드까지 됩니다.

결국 콘텐츠를 만들 때의 핵심은 내용인데, 그 내용을 Chat GPT가 담당해주니 이후의 단계들은 이미 나와 있는 툴들로 충분히 커버가 가능하다는 얘기입니다. 그리고 앞서서 예를 든 프로세스는 하나의 방법일 뿐, 앞으로 여러 가지 프로그램에 다양하게 연결해서 자동화하는 방법들이 쏟아져 나올 겁니다.

'컴맹이라 이렇게까지 프로그램을 다루고 연결해 유튜브 자동화를 하는 것은 어렵다'고 생각할 수 있지만, 기본적으로 Chat GPT를 이용해 유튜브 영상 대본을 만들고 AI 휴먼이나 AI 음성 서비스에 적용하면 된다고 이해하면 됩니다. AI 음성이나 AI 휴먼을 사용하는 플랫폼에 들어가 보면 생각보다 직관적으로 세팅된 곳들이 많아 비교적 쉽게 이용할 수 있거든요. 개인적으로 유튜브 영상만큼은 반자동이 더 나은 것 같다는 생각입니다. 자동으로 해 놓으면 매번 똑같은 사람이 나와서 비슷한 화면이 되어버리니 영상적으로 보면 아주 지루한 콘텐츠가 될 수 있으니까요. 사람들이 다양한 영상을 시청할 수 있도록 시간이 좀 들더라도 반자동으로 하는 게 더 낫겠다는 생각이 듭니다.

광고의 홍수는 예정되어 있다

...

요즘 네이버 스마트스토어 하시는 분들, 카페 공구 하시는 분들, 개인 강의나 모임을 하시는 분들 등 개인의 브랜드를 가지고 수익을 창출하시는 분들이 많습니다. '퍼스널브랜딩'이라는 말도 있는데, 결국 브랜드 관리의 핵심은 SNS 노출입니다. 카페, 블로그, 인스타그램, 페이스북(틱톡은 광고로 쓰이는 경우는 거의 없는 것 같아요. 춤추는 거 구경하러 가는 거죠.) 등에 피드를 올리고, 팬이라고도 부르는 고객들을 확보하는 전략입니다. 이런 분들은 매일매일 어떤 피드를 어떤 방식으로, 어떤 문구와 함께 올릴 것인가를 고민하게 되는데, Chat GPT는 그런 고민을 일거에 해결해줍니다. 그래서 Chat GPT를 개인의 브랜드와 콘텐츠 관리에 아주 효율적으로 사용할 수 있습니다.

다만, 이렇게 될수록 예상되는 문제도 있습니다. 예를 들어, 인스타그램 포스팅은 상대적으로 자동화가 쉬우니 1시간에 한 번씩 광고 피드를 작성하도록 해 놓았다고 치면, 하루에 24개의 피드가 뜨는 겁니다. 그럼 그걸 받아 보는 입장에서는 인스타 피드들이 Chat GPT가 작성한 광고문구로 도배되는 셈이 되죠. 유튜브에서도 AI가 말하는 콘텐츠들이 넘쳐나게 되면, 유저 입장에서는 그야말로 광고의 홍수 속에서 살게 됩니다. 그래서 플랫폼들이 이런 창작을 제한하는 정책을 어느 날 들고나와도 전혀 이상하지 않은 일이 될 겁니다. 그래도 아직은 그런 문제까지 생각할 단계는 아니니, 자동화 혹은 반자동화의 편리함을 누려도 되지 않을까 싶습니다.

이제는 과거로 돌아갈 수 없다

...

개인뿐 아니라 소상공인들의 상품이나 매물 소개에도 Chat GPT는 효과적으로 쓰이고 있습니다. 쇼핑몰의 상품소개나 홈페이지에 기업소개 같은 것도 Chat GPT를 이용할 수 있죠. 특히 매물이나 상품이 자주 바뀌는 업종에서 Chat GPT의 편리함은 이루 말할 수 없습니다.

미국 부동산 중개업체들은 Chat GPT 활용에 아주 적극적입니다.

Chat GPT를 활용해서 매물 소개, 소셜미디어 홍보, 고객 응대, 주택 담보대출(모기지) 계산까지 하고 있습니다. 아이오와주에 있는 중개업자인 J. J. 요하네스 씨는 침실 4개짜리 주택을 온라인에 등록하기 위한 소개글 작성을 Chat GPT에게 맡겼는데, 걸린 시간은 5초였다고 합니다. 직접 했으면 1시간 이상 걸렸을 일을요.[66] Chat GPT를 활용함으로써 요하네스 씨는 59분 55초를 번 셈입니다.

마이애미부동산그룹의 안드레이스 아시온 중개인은 새로 입주한 집 창문이 제대로 열리지 않는 것에 대해 개발업체가 몇 달째 응답이 없다는 고객 불만을 접하고, 이 개발업체에 보낼 항의 이메일 작성을 Chat GPT에게 맡겼습니다.[67] 원래 특별한 주문이 없으면 Chat GPT 말투가 좀 딱딱하게 느껴지거든요. 이 딱딱한 말투로 법적 책임을 언급해서인지, Chat GPT 이메일을 받자마자 업체는 당장 수리할 사람을 보냈다고 합니다.

이렇게 시간이 걸리거나 감정적 불편함을 겪어야 하는 업무에 Chat GPT를 활용해서 효과를 본 사람들은 Chat GPT가 유료화된다 해도 무조건 사용할 의향이 있다고 답했습니다. 지금에 와서는 과거로 돌아갈 수 없다는 것입니다.

라이언 레이놀즈도 놀란 Chat GPT의 능력

...

개인이나 소상공인 말고, 대기업이나 글로벌 기업의 홍보, 마케팅에는 아직 Chat GPT가 침투하지 않은 것일까요? 높은 연봉을 주고 전문가를 고용하는 큰 기업에서는 아직 불완전한 기술인 Chat GPT를 쓰지는 않을 거라고 생각할 수 있지만, '높은 연봉'을 주고 굳이 사람을 쓰지 않더라도 효과적으로 마케팅이나 홍보가 진행되는 사례들이 속속 생기기 시작했습니다.

라이언 레이놀즈는 마블 유니버스의 영화 〈데드풀〉로 유명한 배우입니다. 영화 홍보 차 내한했을 때 예능 프로그램 〈복면가왕〉에 출연해 가면을 쓰고 노래를 부르기도 하고, 한강에서 〈연예가중계〉를 찍으며 소주를 마시기도 한 것으로 유명합니다. 이래저래 유쾌한 사람이지만 알고 보면 똑똑한 사람입니다. 민트모바일이라는 사업체도 가졌고, 광고 천재로도 유명하거든요. 광고대행사 MNTN/Maximum Effort의 최고크리에이티브책임자cco이기도 합니다. 라이언 레이놀즈가 2023년 1월에 민트모바일 광고를 찍으면서 Chat GPT로 광고 대본을 작성하게 했습니다. 주문은 '① 라이언 레이놀즈의 말투로 ② 민트모바일 광고 대본을 작성하라 ③ 농담과 욕설을 사용해 ④ 민트모바일의 홀리데이 프로모션이 여전히 진행 중이라는 사실을 사람들에게 알려라'였다고 하죠. Chat GPT는 이에 충실하게 대본을 작성했고, 처음 나온 대본을 보고 라이언 레이놀즈는 무척 놀랍니다. "약간 무섭긴 하지만, 굉장히 설득력 있다"가 그의 공식적인 반응이었죠. 이게 바로 그때 작성된 대본입니다.

"안녕하세요, 라이언 레이놀즈입니다. 먼저, 민트모바일은 개똥shit 같다는 얘길 하고 싶네요. 하지만 그보다 중요한 사실은 다른 대형 무선통신사들의 연휴 프로모션은 모두 끝났지만, 민트모바일은 끝나지 않았다는 겁니다. 우리는 계속해서 행사를 이어갈 겁니다. 우린 아주 멋지기 때문이죠. 민트모바일을 한번 사용해 보세요. 아! 그리고 추가 혜택이 있습니다. 지금 신청하신 분들은 고객센터에 전화를 걸 때마다 제 목소리를 들으실 수 있습니다. 농담입니다. 그건 실제 혜택이 아닙니다. 모두 좋은 하루 보내세요."[68]

광고 카피, 마케팅 문구, 홍보 영상의 대본 등 Chat GPT의 활약은 정말이지 눈이 부실 정도입니다. 앞서 논리적인 문서에도 Chat GPT가 적용된다고 했잖아요. 마케팅 기획서, 이벤트 제안서 등도 쓰고, 그에 따라 만들어지는 프로모션의 제목을 짓는다거나 포스터나 영상의 카피 문구를 쓰는 일까지 전부 Chat GPT가 할 수 있습니다. 논리적인 글과 감성적인 글이 한꺼번에 가능한 거죠. 그것도 매우 빠른 시간에 야근도 없이 말입니다. 사실 야근을 하라고 해도 불만이 없을 테지만요.

유튜브 영상 Chat GPT Writes a Mint Mobile Ad 캡처[69]

이미 울린 출발신호

...

마케터들의 일은 실제 마케팅과 홍보를 하기 이전에 자료를 조사하고, 정리하는 일부터 시작됩니다. 사실 그런 사무적인 일들이 전체 비중에서 보자면 더 많기도 하고요. 마케터가 화려한 직무라 생각하고 시작했다가, 만날 서류 작업만 한다고 불평하는 신입 마케터들도 종종 봅니다. 이런 업무적인 면부터 Chat GPT는 큰 도움을 줍니다. 허브스팟HubSpot 보고서에 따르면, 마케팅 담당자들은 이메일을 보내고 소셜미디어 게시물을 만드는 것과 같은 반복적인 작업에 상당한 시간을 소비한다고 합니다.

이렇게 다양한 방면에서 Chat GPT는 마케팅, 홍보, 광고 직무에 많은 도움을 주고 있습니다. 미국에서 마케터 4,500명에게 설문조사를 했더니 이들의 30%는 이미 Chat GPT를 사용한다고 답했습니다. 이들의 직장은 아마존, 뱅크오브아메리카BoA, JP모간, 구글, 트위터, 메타 등이었습니다.[70]

아직 Chat GPT를 사용하지 않는 마케터라면, 이미 업무 경쟁력에서 한발 뒤진 상태라고 볼 수 있습니다. 하지만 아직 출발 총소리가 난지 얼마 안 되었고, 대부분은 출발신호를 못 들었으니 이제라도 출발하시면 아주 늦지는 않을 겁니다.

개발자의 시대는
계속될 것인가?

코딩까지 하는 GPT

Chat GPT가 코딩까지 잘하는 이유

...

2022년 말까지는 개발자들의 전성시대였습니다. 연봉은 천정부지로 치솟았고, 테크 기업들은 개발자 구인난에 시달렸죠. 제가 아는 기업 하나는 개발자 구인이 안 되어서 사무실을 강남역 근처로 옮기고 인테리어까지 멋스럽게 바꾸자 채용이 어느 정도 되었다고 하더군요. 거의 채용이 아니라 '모시기'에 가까웠습니다.

하지만 2022년 하반기부터 고금리 기조가 되면서 세계 경제가 경색되고 테크 기업에 몰렸던 투자금이 빠지기 시작하면서 빅테크 기업에서는 대규모 감원이 이루어지기도 했습니다. 벤처 기업들 역시 자금난을 겪기 시작하면서 전체적으로 개발자들에 대한 대우가 박해지기 시작했죠. 이러던 와중에 Chat GPT가 나온 겁니다. 언어 기반 모델인 Chat GPT가 개발자와 연계되는 것은 바로 개발자의 주업무인 코딩 때문입니다.

생각해보면 자연스러운 연계입니다. 코딩이라는 것은 컴퓨터와의 소통이거든요. 그러니까 프로그래밍 언어는 인간과 컴퓨터의 의사소통 도구인 거예요. 이것도 하나의 언어인 거죠. 그래서 Chat GPT는 코딩을 할 줄 압니다. 따지고 보면 개발자는 컴퓨터가 알아들을 수 있는 프로그래밍 언어를 할 줄 아는 사람이고, 인간의 니즈를 컴퓨터에 전달하는 통역사인 거죠. 그런데 바로 이 역할을 Chat GPT가 하겠다고 나선 것입니다. 인간이 필요한 부분은 실제 인간의 말로 전달하면 됩니다. 자연어라고 하죠. 그러면 Chat GPT가 그것을 컴퓨터가 알아

대중의 니즈 - 개발자 - (코딩) - 프로그래밍 언어 - 컴퓨터

대중(자연어) - (Chat GPT) - 프로그래밍 언어 - 컴퓨터

들을 수 있는 프로그래밍 언어로 바꿔서 컴퓨터에 전달합니다.

　이렇게 컴퓨터와의 소통 프로세스가 바뀐다면 통역사였던 개발자의 역할이 없어집니다. 그래서 Chat GPT가 나왔을 때 개발자들은 기쁨과 두려움을 동시에 느꼈습니다. 그건 현재 통번역을 업으로 하시는 분들이 느끼는 감정과 비슷할 겁니다. 아직 통번역 프로그램이 완벽하다고는 볼 수 없습니다. 구글 번역기나 네이버의 파파고의 성능이 예전에 비해 좋아진 것은 사실이지만, 의미가 통하는 정도인 것이지 아직 자연스럽지는 않거든요. 하지만 발전 속도만큼은 인정할 수밖에 없습니다. 확실히 1년 전보다는 낫거든요. 2년 전에 비해서는 훨씬 더 낫고요. 그래서 번역하시는 분들은 이런 번역기를 이용해서 1차 번역을 한 다음에, 그것을 수정하는 식으로 번역 작업을 하는 경우들이 많이 생겼습니다. 그러면 번역의 속도를 확 높일 수 있고, 인건비를 절약할 수 있어서 효율적이죠.

　그런데 이것은 아직 1차 번역이 완벽하게 자연스럽지 않아서 생기는 과도기적 프로세스입니다. 궁극적으로 사람의 손길이 필요 없을 정도로 자연스러운 번역이 이루어진다면, 중간에 번역하시는 분들의 역할이 급격하게 사라지겠죠. 중요한 번역의 최종 검수나 아니면 번역 전체적인 컨설팅, 번역 기획 같은 하이퀄리티의 업무에서만 사람이 필요할 뿐, 실제 번역이 이루어지는 업무에서는 사람이 배제될 수 있습니다. 번역 품질이 비슷하다고 할 때 사람은 24시간이 걸리지만, 기계는 24초 안에 끝내니까 선택의 고민이 없는 거죠.

바로 이것이 지금 개발자들이 Chat GPT를 보고 느끼는 감정입니다. 번역 프로그램이 처음 나왔을 때 '이 오류들을 보라. 아직 멀었다'라며 번역의 오류들을 증거로 보여주던 분들이었거든요. 이 책을 보시는 분들 중에도 Chat GPT를 이용할 때 번역기를 돌리시는 분들이 많을 겁니다. 의미를 이해하는 데 전혀 문제가 없다는 것을 직접 확인하셨을 거고요. 이처럼 짧은 시간 안에 번역기의 성능은 확 올라갔습니다.

이 정도의 번역 품질에 도달하는 데까지 걸린 시간은 얼마나 되었을까요? 2016년 1월에 방송한 예능 〈꽃보다 청춘 아이슬란드〉에서는 아직까지 화자되는 재미있는 장면이 하나 있습니다. 배우 조정석 씨가 핫도그 가게에서 주문을 하기 위해 구글 번역기를 켜고 "핫도그 세 개 주세요"라고 말했는데, 구글 번역기가 "플리스 핫도그 월드"라고 번역을 했습니다.[71] 번역기가 맥락 없이 '세 개'를 '세계world'로 번역해준 것입니다. 2016년의 번역기 품질은 이 정도였습니다. 그런데 10년도 안 지난 시점에서 아주 전문적인 영역을 빼고, 웬만한 일상생활에서는 어느 정도 괜찮은 품질을 자랑하는 번역기가 쓰이게 된 겁니다.

컴맹도 짜는 코딩

...

저는 코딩에 대해서 전혀 모릅니다. 어떻게 구동시키는지도 잘 몰라요. 하지만 Chat GPT를 이용하면 저는 코딩 결과를 얻을 수 있습니다. 제가 원하는 것을 자연어로 말하면 되거든요. 다음과 같은 주문을 해볼게요.

"동그란 원 안에 네모가 갇혀서 이리저리 헤매는 모양을 출력하고 싶은데, 이런 형태의 코딩을 해줄 수 있어?"

예, 원 안에서 움직이는 사각형을 인쇄할 수 있습니다. 예를 들어, Python의 Pygame과 같은 그래픽 라이브러리를 사용하는 프로그래밍을 통해 이를 달성할 수 있습니다. 다음은 원 안에서 움직이는 사각형이 있는 창을 만드는 예제 코드입니다.

```scss
import pygame
import sys
import math

pygame.init()
screen = pygame.display.set_mode((400, 300))
clock = pygame.time.Clock()

while True:
    for event in pygame.event.get():
        if event.type == pygame.QUIT:
            sys.exit()

    screen.fill((255, 255, 255))

    # Draw the circle
    pygame.draw.circle(screen, (0, 0, 255), (200, 150), 100, 1)

    # Calculate the position of the square
    angle = pygame.time.get_ticks() / 10 % 360
    x = 200 + 100 * math.cos(math.radians(angle))
    y = 150 + 100 * math.sin(math.radians(angle))

    # Draw the square
    pygame.draw.rect(screen, (255, 0, 0), (x, y, 50, 50))

    pygame.display.update()
    clock.tick(60)
```

이 코드는 이 코드가 작동하려면 설치해야 하는 Pygame 라이브러리를 사용합니다.

사실 이 코드가 괜찮은 것인지 아닌지 알 수 없습니다. 실행을 해봐야죠. 그런데 재미있는 것은 제가 말로 코딩을 했다는 점입니다. '이걸 코딩이라고 할 수 있나?'라고 생각하는 개발자들도 있겠지만, 그건 "'핫도그 월드'가 무슨 번역이야"라고 생각했던 2016년 대중들의 생각과 유사한 겁니다. 지금의 품질을 판단할 것이 아니라, 이게 시작점이라는 것을 인식해야 한다는 거죠. 그리고 유튜브 영상들을 보면 현직 개발자들이 GPT를 사용해 보고 '당장은 오류도 있고 수정도 해야 동작하지만, 이것의 미래를 생각하면 무섭고 떨린다'라는 식의 후기를 남긴 경우들도 많습니다.[72, 73] 개발자 입장에서 GPT의 잠재력을 인정하고 있는 거죠.

GPT가 작성해주는 코딩은 지나간 세월의 번역기 발전 속도보다도 가속이 빠를 것입니다. 전 세계적으로 데이터가 충실히 쌓이고 있는 중인 데다가, 컴퓨팅 파워도 예전에 비해서 급격하게 좋아졌으니까요. 기술의 가속에 올라탄 GPT는 결국 개발자의 주업무인 컴퓨터와 인간의 통역 업무를 대체해줄 수 있을 것으로 보입니다.

좋은 쪽은 아니지만 Chat GPT가 이미 실생활에서 쓰이고 있는 사례도 있습니다. 이스라엘의 보안기업인 체크포인트가 발표한 자료에 따르면, Chat GPT를 사용해 악성코드나 피싱메일 등을 만들어 사이버 범죄에 악용한 사례가 발견되었다고 하죠. 해커들이 각종 수법을 공유하는 다크웹Dark Web 사이트에서는 이미 Chat GPT로 사이버 범죄를 저지르는 다양한 방법들이 공유되고 있다고 합니다. 확실히 기술은 나쁜 쪽으로는 더욱 과감하게 적용되고, 빠르게 발달하는 것 같습니다.[74] Chat GPT를 사용하면 초보적인 코딩 지식으로도 해킹을 할 수 있는 악성코드나 피싱메일 프로그램을 만들 수 있다고 합니다.

오히려 수입이 2배가 되는 개발자는?

...

그렇다고 개발자들이 하루아침에 필요 없어진다는 것은 아닙니다. 다만, 업무가 바뀐다는 거죠. GPT의 코딩 실력을 보며, 어떤 개발자들은 Chat GPT의 코딩은 단순하며 기존에 있던 것들을 짜깁기할 뿐이라고 이야기합니다. 아직 멀었다는 거죠. 그리고 빠르게 발전한다 하더라도 여전히 창의적인 영역에서 개발자의 역할은 필요하니 걱정할 필요는 없다고 말합니다. 그런데 현실적으로 보면 현재 개발자들이 하는 일 중에서 단순하고 짜깁기하는 일들이 꽤 많습니다. 창의적으로 새로운 솔루션을 만드는 개발자들은 한정되어 있죠.

그래서 지금의 번역 프로세스가 1차는 기계가, 2차 수정은 사람이 하듯이 개발 업무도 1차는 GPT가, 2차 수정은 사람이 하는 식으로 바뀔 것입니다. 하지만 그다음 단계에서는, 창의적이지 않고 기존에 나와 있는 정도의 일은 GPT가 알아서 코딩하는 식으로 바뀔 수도 있습니다. 번역은 중간중간 문체, 문맥, 문화까지 고려해야 하지만, 코딩은 결국 결과가 다 말해주는 것이니까 결과 부분 위주로 조금만 체크하면 되거든요. 이 정도가 되면 기획, 설계, 감수, 컨설팅 같은 능력을 가진 소수의 개발자만 필요하게 됩니다. 어중간한 실력을 가진 사람이나 기획 능력은 없고 성실하게 있는 것만 반복적으로 하던 사람은 필요가 없어집니다.

결국, 개발자가 하는 일은 코드의 방향성을 설계하고, 검증하고, 개선하는 역할이고, 개발자가 갖추어야 하는 능력은 기획이나 설계가 되는 것입니다. '시키는 대로 프로그램을 만드는 사람'보다는 능동적으로 필요한 코드를 설계하고 리뷰가 가능한 사람이 개발자로 살아남는 거죠. 이때가 되면 개발자가 아니라 개발 컨설턴트라 불릴 수도 있겠습니다. 단순반복적인 일과 잡무에서 벗어나기 때문에 이런 능력을 가진 사람은 훨씬 더 좋은 성과를 내게 됩니다. 가치도 올라가고 덩달아 수입도 올라가는 위치가 될 것입니다. 10명이 필요한 개발을 2명과 GPT로 하게 되면 해당되는 2명의 인건비는 후해질 수 있으니까요. 그들의 능력에 대한 정당한 대가이기도 하고요.

3장

GPT가 바꾸는
라이프 스타일

앞장에서는 현재 GPT를 활용해서 만들어 낼 수 있는 것이 무엇인지 그 현황을 살펴보았다면, 이번 장에서는 GPT가 일상화된 미래에 대해서 살펴보겠습니다. 인터넷이 보급되면서 우리의 생활은 크게 바뀌었고, 스마트폰이 보급되면서 또 한 번 라이프 패턴이 바뀌었습니다. 일하는 방식, 사람을 만나고 노는 방식이 바뀌었거든요. 이제 또 한 번의 큰 변화가 Chat GPT를 통해서 옵니다.

그렇지만 이 기술 가속의 시대에 '향후 10년을 내다본다'라는 목표는 허황된 구호에 불과하고, '앞으로의 큰 방향성을 본다'라는 정도의 의욕만으로도 충분하지 않을까 싶습니다. 모든 분야에서 변화들이 일어

나겠지만, 그중 가장 빠르고 폭넓게 변화를 가질 수밖에 없는 분야 몇

가지를 선정해서 이야기할 거예요.

폭발적인 화학 결합

커머스와 메타버스

메타버스와 Chat GPT의 만남

...

제 페친 중 한 분이 페이스북에 '그동안 지자체나 기업들이 메타버스에 엄청 투자하더니, 이제 Chat GPT가 유행하는데, 그동안 투자했던 메타버스는 어떻게 되는 거냐?'라는 나름의 비판 글을 게시했습니다.

기술의 컨버전스라는 말이 있습니다. 기술의 발전은 같이 가면서 시너지를 내는 것입니다. 스마트폰의 통신 기술만 발전한 것이 아니라, 사진기술이 함께 발전하면서 SNS가 크게 활성화된 것처럼요. 전기차는 배터리 기술이 발전하니까 유용해진 것이지, 안 그러면 부산한 번 가는데 고속도로에서 2~3번은 충전을 해야 하는 반쪽짜리 차가 될 수도 있었을 겁니다.

메타버스는 트렌드가 2020년~2021년이 피크였지만, 거대 플랫폼을 개발해야 하는 특성상 당장에 활성화되는 것은 아니었습니다. 그래서 『메타버스의 시대』라는 책으로 나름 메타버스 붐 조성에 약간의 일조를 한 저도 분명히 말씀드린 바가 있었습니다. 2024~2025년 정도는 되어야 진짜 메타버스의 시대가 온다고 말입니다. 왜냐하면 빅테크 기업들이나 게임회사들이 만드는 메타버스의 완성 시기, 즉 대중 공개 시기가 대부분 2024~2025년 정도였기 때문입니다. 그리고 거기에 Chat GPT라는 엄청난 도구가 덧붙는 겁니다. Chat GPT가 대표적으로 먼저 나와서 마치 언어 생성 AI의 대명사처럼 언급되는데, 사실 빅테크 기업들의 기술력은 비슷비슷하게 가거든요. 많은 기업이 언어 생성 AI 기술들을 가지고 있습니다. 그런 기술이 메타버스에 적용된다면 어떤 일이 벌어질까요?

① 업무, 협업 메타버스 플랫폼에서의 비서 역할

먼저 Chat GPT가 현재 매우 잘하고 있는 비서 역할을 할 수 있습니다. AR로 구축되는 증강현실 위에서는 마치 아이언맨을 도와주는 자비스처럼 눈앞에 필요자료를 보여주고, 대화를 나눌 수 있거든요.

VR로 들어가면 아예 아바타 형태의 비서로 보일 수도 있습니다. 어차피 아바타 형태라면 굳이 같은 사람의 형태가 아니어도 됩니다. 강아지나 요정, 눈사람 형태로도 얼마든지 설정할 수 있습니다. 이 캐릭터 이름을 울라프라고 하면, 이 울라프는 우리가 원하는 자료, 정보를 제공해줍니다. "울라프, 저번에 메타버스에서 미팅한 거 정리해서 보여줘"라고 하면, 기록된 녹취록에서 핵심만 정리해서 보여주겠죠. 메타버스에서 시간 가는 줄 모르고 일하는데, 갑자기 울라프가 급하게 나타나더니 '퇴근 시간이 다 되었다'고 알려주기도 할 겁니다. "오늘 기획한 거, PPT 형태로 만들어줘"라고 하면, 바로 PPT 발표 자료를 만들어줄 거예요.

② 일반적인 메타버스 플랫폼에서의 캐릭터

게임 용어 중에 NPC_{Non-Player Character}라는 것이 있습니다.[75] 플레이어가 아닌 게임 안에 원래 존재하는 조연 캐릭터들입니다. 상점에서 아이템을 사는데 그것을 파는 상인일 수도 있고, 마왕과 전투가 벌어지는 광장의 시민일 수도 있습니다. 자동차 경기를 할 때 타이어를 갈아끼워주는 정비팀일 수도 있고, 은행을 털러 들어갔는데 그때 바닥에 엎드려 있던 은행원일 수도 있어요.

NPC들은 게임에서 부수적인 요소들입니다. 퀘스트를 전할 때에도 같은 말을 반복할 뿐입니다. 그런데 Chat GPT는 이들에게 캐릭터를 부여하고 플레이어들과 대화할 수 있는 능력을 제공할 수 있습니다. 튜링테스트를 통과한 언어 기반의 GPT는 방금 자신이 대화한 상대가 사람인지 기계인지 가려낼 수 없거든요.

메타버스의 아바타들에 이런 특성이 부여된다고 생각하면 메타버스 세상이 완전히 달라진다는 것을 추론할 수 있습니다. 메타버스의 핵심은 만남에 있습니다. 메타버스를 이해할 때, '차세대 연결의 도구'[76]라고 하는 것은 '메타버스는 만남을 매개하는 플랫폼'이기 때문입니다. 그래서 메타버스 플랫폼을 구축하려는 기업들의 가장 큰 고민은 어떻게 사람들을 모을 거냐 하는 겁니다. 사람들이 많을수록 메타버스는 더 의미 있고 가치가 있어지니까요. 자신의 집이 있는 화성 메타버스에 들어갔는데, 동네 사람들이 아무도 접속하지 않아서 혼자만 있다면 얼마나 재미없겠어요. 하지만 인공지능과 메타버스가 결합하면 언제라도 그 마을에 아바타들이 살게 할 수 있습니다.

하지만 우리는 그 아바타가 진짜 사람인지 아닌지 모를 수 있습니다. 오아시스라는 메타버스를 묘사한 〈레디 플레이어 원〉 같은 영화를 봐도 메타버스에서 현실의 자신이 누구라는 것을 밝히지 않는 것

영화 〈프리가이〉 스틸 컷 중[77]

은 '국룰'이죠. 현실과 분리되려고 들어간 메타버스에서는 '텔레마케터'라는 현실의 자신의 직업을 똑같이 유지하고 싶어 하지는 않는다는 것입니다. 이 메타버스에서는 닌자이고 싶거든요. 그러니 메타버스에서는 철저하게 자신의 캐릭터 이름과 메타버스상의 캐릭터로 각인되는 겁니다.

그럼 생각해보죠. 메타버스에 들어가서만 만나는 옆집 이웃 미나는 가끔 만나서 이야기도 하고 (메타버스 안에서) 동네 독서모임도 같이하고 있습니다. 그런데 미나가 사람인지 NPC인지 잘 모르겠어요. 그런데 그걸 꼭 알아야 할 필요가 있을까요? 사람인지 아닌지 얼핏 모르겠다는 얘기는 사람처럼 대화하고, 이웃 친구로 지내고 있다는 뜻이잖아요. 사람이건 아니건 이 관계가 달라질 이유는 없는 것입니다. 〈프리가이〉처럼 게임 속 NPC가 AI로 인해 자의식을 가지게 되면서 일어나는 일을 묘사한 영화도 있습니다. 자신이 NPC가 아닌 사람인 줄 알죠.

이렇게 되면 메타버스는 항상 사람들로 붐빕니다. 그리고 늘 그 자리에 있는 NPC들은 마을을 활기차게 해줍니다. 이 공동체에 속하고 싶어서 사람들은 메타버스에 접속하고, 그렇게 접속한 사람들이 많을수록 메타버스는 더욱더 붐비겠죠. 메타버스에 언어 기반의 GPT가 적용되면, 메타버스로의 유인 효과와 한 번 들어오면 오래 머물게 하는 락인 효과가 극대화되면서 많은 시간을 이 안에서 보내게 될 것입니다. 플랫폼에서 많은 시간을 보낸다는 것은 그만큼 그 플랫폼의 가치와 파워가 세진다는 뜻입니다.

정리하면 Chat GPT 같은 언어 기반 GPT 모델이 메타버스와 결합되면 엄청난 파급효과를 가지게 됩니다. 언어 모델인 만큼 언어의 장벽도 깨줄 것입니다. 상대방 아바타가 프랑스어로 이야기해도 내 눈앞에는 한글로 보이고 들리게 되는 거죠.

커머스에서 싹싹한 점원을 만나다

...

월마트가 구축하고 있는 메타버스 커머스, 유튜브 캡처[78]

이 장을 전개할 때 메타버스와 커머스가 하나로 묶여 있어서 갸우 뚱하신 분도 있을 겁니다. 그런데 커머스의 핵심이 판매원이라고 생각하면 이해가 됩니다. 지금의 인터넷 쇼핑몰은 그냥 물건의 사진과 가격, 상품 정보가 나열되어 있을 뿐입니다. 상품을 파는 사람과 고객과의 유대관계가 없죠. 그러니 오로지 가격과 배송비만으로 물건의 구매 여부가 결정됩니다. 단골 개념도 없죠. 계속 구매하면 포인트가 쌓여 할인 효과가 있기 때문에, 자주 이용할 수는 있어도 조금 더 싸고 괜찮은 몰이 생기면 금방 이동하게 됩니다.

여기에 판매원으로서의 아바타가 있고, 그 아바타에 Chat GPT를 얹는다고 생각해 보세요. 주인과 친한 단골 가게가 생기는 셈입니다.

자주 가서 대화를 나누고 물건을 사는 만큼 고객에 대해 기억하고 말을 걸어줍니다. 비록 "저번에 소개팅 간다고 샀던 옷은 효과가 좀 있었나요?"와 같이 '아픈' 기억을 건드릴 수도 있지만요. 혹시 알아요, 솔직히 이야기하면 위로한다면서 물건값을 좀 깎아주거나 양말이라도 하나 서비스로 보내줄지······.

판매원으로서 특화된 커머스의 AI는 24시간 근무하며, 인건비가 더 들지 않고, 무엇보다 언제 어디서나 지치지 않습니다. 성격도 활발하고 싹싹해서 판매사원으로서 특화되어 있습니다. Chat GPT를 수완 좋은 판매사원의 성격과 말투, 태도로 판매에 최적화되게 설정해 놓을 수 있거든요. 말하자면 최고의 판매사원을 확보할 수 있게 해주는 것이 언어 기반의 GPT라는 것입니다. 조금이라도 사람과 거래하는 듯한 느낌을 주려고 챗봇까지 동원하고 있는 커머스들이 이런 판매사원을 도입하지 않을 리 없죠.

다른 면에서 보자면 현재 언어 기반 GPT 서비스를 준비하고 있는 많은 기업들이 수익모델을 찾지 못하고 있기도 한데, 상품판매에 특화된 GPT를 만들고, 구독모델로 개별 쇼핑몰들에 취업시키면 훌륭한 하나의 비즈니스 모델이 될 것입니다.

교육의 개념이
바뀌는 세상

학생 맞춤 교육과 학교의 역할

완전히 개인에게만 맞춰진 맞춤 강의

...

2022년 4월에 〈2022 KoVAC META Connect EduTech〉 행사에서 기조발표를 했었는데, 그때 제가 제시한 미래 교육의 지향점은 '형식상 완결성Completion과 내용상 맞춤성Customization'이었습니다. "AI 기술 등을 기반으로 메타버스 플랫폼에서 개인이 필요로 하는 맞춤화된 콘텐츠와 커리큘럼이 제시되는 게 향후 교육의 모습"이라고 이야기했죠.[79]

　그러니까 교육의 도구로서 완결성은 메타버스상에서 가져가야 하는 것이었고, 맞춤성은 AI로 이룩해야 할 것이었습니다. 불과 1년 전 일이지만, 이때 제가 맞춤성을 이야기했을 때는 학생 맞춤관리가 아닌 맞춤 교육이었습니다. 학생들의 관심과 특징, 무엇보다 성취 수준이 다 다른데 한 교실에서 20~30명씩 모아놓고 한꺼번에 무언가를 가르친다는 것은 말이 안 된다는 거죠. 필요한 것은 대상 학생들을 정확히 진단하고 그 학생들의 수준에 딱 맞게 개별적으로 강의가 구성되어야 하고, 개인화된 학습이 이루어져야 한다는 것입니다. 말이 쉽지, 학생마다 맞춤형으로 다 다른 강의를 만든다는 것이 보통 문제가 아니라, 이것을 이루려면 몇 년은 걸릴 거라 생각했습니다.

그런데 학생 개인에게 맞는 개별 맞춤 강의가 가능하다는 것이 불과 1년 만에 증명이 되었습니다. Chat GPT로 개별 학생의 수준에 맞게 강의 대본을 만들고, 담당 과목 선생님을 기준으로 만들어진 AI 휴먼을 활용하여 개별 강연을 학생들에게 맞춰 보내주면 됩니다. 이 과정을 다 자동화할 수 있습니다. 사실 포럼에서 발표할 때만 해도 이렇게 빨리 기술적으로 가능성이 보일 줄은 몰랐는데, Chat GPT의 스크립트 생산능력을 보니 얼마든지 가능하겠더라고요. 이해가 안 되는 부분은 Chat GPT로 질문을 받으며 보완하고, 학생의 성취 수준이 기록되어서 다음 영상은 학생의 수준에 딱 맞게 제작될 수도 있습니다.

학교와 선생님의 역할 변화
...

그러면 선생님은 도대체 무엇을 할 것이며, 학교의 역할은 무엇일까요?

"현재 학교에서 가르치는 내용의 80~90%는 아이들이 40대가 됐을 때 전혀 쓸모없을 확률이 크다. 어쩌면 수업시간이 아니라 휴식시간에 배우는 것들이 아이들이 나이 들었을 때 더 쓸모 있을 것이다."[81]

『사피엔스』의 저자 유발 하라리가 2016년 알파고의 충격에 휩싸인 직후, 한국에 방문했을 때 학교의 역할에 대해서 한 말입니다. 당시로

써는 꽤나 과격한 주장이라는 느낌이 드는 말이었습니다. 하지만 세계적 석학의 발언이라 그냥 무시할 수는 없었고, '정말 그런 날이 오는 걸까?' 정도의 약한 경고로 들렸지요. 그런데 Chat GPT는 이런 유발 하라리의 말을 상당히 근거 있게 만들었습니다.

교육이 일어나는 현장으로서의 학교는 교실이 가장 중요한 곳입니다. 그런데 완전 개별 맞춤 교육으로 가면 교육은 디지털상에서 일어나야 합니다. 메타버스일 수도 있고, 그냥 영상강연 플랫폼일 수도 있습니다. 그런데 교육이 일어나는 장소가 디지털이라면 굳이 시간 맞춰서 학교에 등교할 필요가 없어집니다. 이런 상황에서 학교는 어떤 역할을 해야 할까 생각해보면, 유발 하라리의 말처럼 학교는 배운 것을 점검하고, 토론하고, 다른 사람과 관계를 맺는 연습을 하는 곳이 되어야 합니다. 커뮤니티를 조직하고 유지하는 것도 학교에서 다른 학생들과 부딪히며 배울 수 있죠. 그게 바로 '휴식시간에 배울 것이 많다'는 하라리의 의견인 것입니다. 학교는 학습이 일어나는 곳이 아니라 학습을 확인하고 계획하는 곳이 되고, 실제적인 학습은 디지털상에서 일어납니다. 학교의 주역할은 사람들과 연계하고, 연결하고, 관계를 맺는 연습을 하는 곳이 되는 겁니다.

그렇게 되면 학습을 수행하는 선생님의 역할이 사라지는 것 같지만, 선생님의 주업무가 바뀌는 것이지 결코 중요도가 떨어지는 것은 아닙니다. 자신의 흥미와 기호 그리고 수준에 맞춰 학습 콘텐츠를 커스터마이징Customizing 한다고 했지만, 대부분의 학생은 자신들이 좋아하는 것이나 해야 되는 것에 대한 뚜렷한 자의식이 없거든요(결코 학생을 무시하는 것이 아니라, 지금 이 글을 읽고 있는 어른이 된 우리들 역시 10년 후 미래에 대한 희망과 비전이 뚜렷한 사람이 많지 않잖아요). 그래서 학습계획을 짜고, 학생들의 생활을 코칭하는 것, 그러니까 학생들을 케어하는 것이 핵심이 될 것입니다. 개인이 관심 있는 영역을 찾아 개인 맞춤형 커리큘럼을 짜주는 공부 컨설턴트 역할을 하기도 하고, 학습이 힘들거나 잘 안 풀릴 때 멘탈을 관리해주는 상담사 역할을 하기도 할 겁니다.

구호에서 현실로 바뀌고 있는 대학 개혁

...

대학 역시 큰 변화를 겪을 것입니다. 한국 대학은 이미 지방대의 몰락이라는 이름으로 인구감소기에 따르는 필연적인 대학 구조조정 작업에 들어갔습니다. 아직 서울권 대학은 괜찮다고 하지만, 점점 대학의 필요성에 대한 공감은 떨어지는 추세입니다. '어떤 대학에 갈까?'가 예전의 화두였다면, 앞으로의 화두는 "왜 대학에 갈까?"가 됩니다.

이런 시대에 분과학문을 고집하는 대학의 학제는 바뀔 수밖에 없습니다. 자신의 전공과 관련 있는 곳에 취업하는 사람이 얼마나 될까요? 2020년 통계청 자료에 따르면 전공과 직업의 일치도를 조사했을 때, 자신의 전공을 살려서 취업에 성공한 비중은 37.3%입니다.[82] 2016년 에는 이 수치가 42%였으니까,[83] 그 몇 년 사이에도 전공 일치도가 5% 나 감소한 거죠. '어! 생각보다 전공을 살리는 비율이 높은데?'라고 생 각하시는 분도 있을 겁니다. 하지만 이 수치에는 한 가지 맹점이 있습 니다. 이공계의 경우에는 취업 조건 자체가 '관련 과 전공자'가 많거든 요. 문과나 예체능 계열의 직무에서는 '전공 불문'이 조건인 것에 비해 서, 처음부터 전공 일치자만 뽑겠다는 것입니다. 그러다 보니 이과 직 무의 경우에는 전공 일치도가 높습니다. 그러니 문과 직무의 실제 체 감 전공 일치도는 10~20% 정도일 거라는 이야기입니다.

이런 상황에서 분과학문의 높은 칸막이를 고집하는 것은 대학의 매 력도를 떨어뜨리는 일이 됩니다. 대학이야말로 맞춤 교육으로 가야 하 는 상황에서, 개인들의 전공이 다 다른 이른바 자유전공식이 되지 않 으면 안 됩니다. '인문학적 백그라운드 지식이 있는 개발자'라든가, '스포츠에 조예가 깊은 경영자', '경제를 이해하고 있는 정치가(이런 사 람이 가장 드물긴 하지만)'와 같이 듣기만 해도 매력 있는 인재들이 이제 대학에서 배출되어야 합니다. 솔직히 지금까지 이런 통섭적 인재들은 스스로 자라야 했잖아요. 한때는 '억만장자가 되려면 대학 중퇴부터

해야 된다'는 농담이 돌기도 했습니다. 스티브 잡스, 빌 게이츠, 마크 저커버그 같은 사람들은 대학 중퇴를 하고 자신의 인사이트로 사업을 시작했기 때문입니다. 달리 말하면 이들이 세상에 영향을 끼칠 만한 일을 할 때, 대학교육은 엑셀의 역할을 한 것이 아니라 브레이크의 역할을 하고 있었던 겁니다. 그러니 그만뒀죠.

Chat GPT 같은 언어 생성 GPT가 교육의 맞춤성을 높여주고 있습니다. 각 나라 실정에 특화된 교육전용 GPT도 나올 겁니다. 특히 우리나라 정부는 그런 것에 굉장히 민감하거든요. 대학은 가장 변화가 느린 곳이지만, 그동안 변화의 바람을 막기 위해 쌓은 벽이 너무 높습니다. 한순간 무너지면 그 변화의 폭과 깊이가 가장 클 수밖에 없는 곳입니다. 그동안 대학의 시스템은 현대화되었을지 몰라도 구조가 70년대와 비교했을 때 그다지 바뀐 것이 없습니다. 하지만 인구 감소에 맞춰 대학의 변화는 이제 구호가 아닌 현실이 되어가고 있죠.

'물고기 잡는 법'을 지식적으로
가르치는 것에서 벗어나기

...

그러면 GPT의 세상에서 교육의 개념은 무엇일까요? 교육은 인간이 삶을 영위하는 데 필요한 모든 행위를 가르치고 배우는 과정이며 수단이고[84] 학교는 그런 교육이 일어나는 장소입니다. 하지만 지금은 학교에서 배우는 '지식'을 이들이 실제로 써먹을 정도의 나이가 되면 이미 한물간 낡은 것이 되고 마는 가속의 시대입니다.

이제 교육은 지식이 아닌 지혜와 통찰을 얻는 방법에 대해 같이 찾아가는 과정이라고 할 수 있습니다. 통찰에 다다르는 법은 개인마다 다를 것이기 때문에, 한 사람의 통찰을 지식적으로 가르칠 수는 없거든요. 많은 교육자들의 함정이 바로 여기에 있습니다. 물고기를 잡아주기보다는 물고기 잡는 법을 가르치는 것이 중요하다면서도, 계속 '물고기 잡는 법'을 지식적으로 가르치거든요.

지식보다는 지혜라는 것을 알지만, 그 지혜를 지식처럼 가르치고 있는 것입니다. 지혜에 이르는 방법은 사람마다 다릅니다. 어떤 사람은 책을 읽으며, 또 어떤 사람은 조기축구를 통해, 누군가는 연예를 하다가 얻기도 해요. 커뮤니케이션의 어려움과 소통하는 법에 대해서 책을 읽고 강의를 들으며 배우는 것보다 결혼생활을 하면서 배우는 것이 더욱 많고 실용적이기도 합니다. 그러니 지혜에 다다르는 개인들의 각기 다른 루트를 찾아주고, 설정하고, 그것에 이르는 과정을 지원해주는 것이 교육이 됩니다. 지식에 천착해서는 Chat GPT 같이 지식적인 답을 말해주는 AI가 있는 세상에서는 살아남지 못하거든요.

3

작가의 죽음일까,
작가의 탄생일까?

GPT 시대의 작가와 출판 시스템

누구나 작가인 사회

...

책 관련 인플루언서들의 모임이 있습니다. 어느 정도 구독자도 있고 전부 책과 관련 있는 인플루언서들이다 보니 대부분은 책을 낸 작가들입니다. 그래서 같이 모여서 밥 먹다가 앞에 성을 붙이지 않고 "작가님~"하고 부르면 참석 인원 중 반은 돌아봅니다. 대부분이 책을 낸 '작가님'이거든요. 그런데 이런 해프닝이 비단 인플루언서나 작가 모임뿐 아니라 일상적인 모임에서도 일어날 수 있을 가능성이 생겼습니다. 누구나 작가가 될 수 있는 세상을 Chat GPT가 열어주기 시작했거든요. Chat GPT로 시작했지만, 앞으로는 스토리 창작이나 책 구성하기에 특화된 GPT가 나올 수도 있습니다.

자기 이름이 새겨진 책 하나를 내고 싶은 욕망은 생각보다 강렬합니다. 대기업에 다니던 지인 하나는 책 쓰기 강의를 들은 후 도출된 결과물을 출판까지 해준다는 조금 '수상쩍은' 패키지를 1,500만 원에 구입하고 결국 출간 작가가 되었습니다. 처음에는 친구들에게 나눠줄 기념품을 너무 비싸게 사는 것 같아 말렸는데, 지인은 작가 타이틀이 그렇게 갖고 싶었다고 합니다. 책을 내주는 곳도 1인 출판사여서 그냥 자기 혼자 내도 된다는 것쯤은 알고 있었지만, 책의 내용을 같이 구성해준다는 것이 편해서 그냥 돈을 쓰는 방향을 택했다고 하더군요.

요즘은 컴퓨터를 이용해서 전자책으로만 내면 큰돈이 들지도 않고, 온라인 서점에서 팔리는 책을 가지게 되니 누구라도 내용만 있으면 더더욱 쉽게 자신의 책을 가진 작가가 될 수 있는 세상입니다. 그런데 역시 문턱은 책의 내용이죠. 아무리 자기 얘기라지만, 초보자라면 책의 목차를 구성하기도 쉽지 않습니다. 초보자가 가장 많이 하는 실수는 일단 컴퓨터 앞에 앉아서 뭐라도 써보자며 하얀 모니터와 깜빡이는 커서만 들여다보는 일입니다. 한나절이 지나도 써지지 않으면, 술

아마존 전자책 영문 출판의 꿈을 이루어보세요

프리랜서 마켓 크몽에 올라온 아마존 전자책 출판 광고. 크몽 홈페이지 캡처[85]

기운을 빌려 다시 깜빡이는 커서를 마주합니다. 그러면 한 잔이 두 잔이 되고, 세 잔이 될 뿐입니다. 이래서는 쓰기도 힘들고 쓰더라도 책한 권 분량을 뽑아내는 게 고통스럽습니다. 구성이 안 된 상태이니까요. 무조건 책 구성부터 하고, 그에 맞춰서 집필 계획을 잡은 상태에서 시작해야 책이라는 결과물이 나오게 됩니다.

이처럼 책의 구성부터 내용까지 잡아줄 수 있는 최적의 도구가 바로 Chat GPT입니다. 자신의 이야기 혹은 사람들에게 알려주고 싶은 노하우 등 책의 내용이 될 정보를 입력한 다음, 일단 책의 목차를 잡아달라고 하면 바로 여러분 책의 목차가 눈앞에 나옵니다. 물론 이대로 끝낼 수는 없죠. 그것을 여러 질문과 요청으로 다듬어서 그럴듯하게 만든 후에, 챕터별로 GPT에게 써달라고 하면 됩니다. 매우 평범하지만 무난한 내용이 나올 겁니다. 바로 거기서부터 여러분이 수정해 나가며 다시 부탁을 하거나 직접 쓸 수 있습니다. 자신이 전달하고 싶은 내용을 글로 옮기는 것이 작가의 기술이었지만, 이 기술적인 부분을 GPT가 대신해줄 수 있게 된 것입니다. 작가는 그 기술을 감독하고 검증하는 역할만 할 수 있게 된 거죠. 심지어 카프카 풍으로 쓰라느니, 헤밍웨이 풍으로 쓰라느니 하는 주문만 해도 같은 내용이 모더니즘하게 바뀌기도 하고 하드 보일드 스타일로 바뀌게 될 것입니다. 그래서 Chat GPT가 알려지자마자 Chat GPT로 책을 써서 미국 아마존에 전자출판을 했다는 사람이 생기고, 심지어 'Chat GPT로 책 쓰기'라는 오프라인 강의가 열려서, 수강인원을 순식간에 채우기도 했습니다.

사실 저도 처음 이 책을 구상할 때 Chat GPT를 활용해서 써볼까 생각했는데, Chat GPT가 아직 그 정도 퀄리티의 글을 쓰지는 못하더라고요. 그리고 조금이라도 퀄리티가 나오려면 여러 가지 질문으로 다듬어가며 계속 수정을 해야 하는데, 저의 경우에는 그런 것보다는 그냥 제가 원하는 내용을 쓰는 것이 빠르겠다고 생각했습니다. 그래서 예시를 뽑아낼 때 외에는 Chat GPT를 사용하지 않았습니다. 하지만 그럴 수 있었던 것은 저는 책을 70권 이상 낸 전문작가이기 때문이겠죠. 일반적으로는 책을 파는 것보다 책을 내는 것이 목적인 사람들이라면 이

Chat GPT의 매력을 거부하기는 힘들겠다는 생각이 듭니다.

작가의 죽음인가, 작가의 탄생인가

...

아이디어와 의욕만 있다면 누구나 작가가 되는 시대입니다. 그래서 과거 직업으로서의 작가는 이제 일거리를 잃을 지경에 와 있습니다. Chat GPT의 활약을 보고 글 써서 먹고사는 시대는 이제 영영 지나갔다고 한탄하는 제 지인 작가들도 꽤 있습니다.

Chat GPT는 작가의 죽음을 예고하고 있습니다. 하지만 과연 그럴까요? 작가의 죽음을 말하기보다는 그보다 훨씬 많은 수의 작가 탄생이 그 이면에서 일어나고 있습니다. 지금도 한 해에 6만 종의 책이 나옵니다. 낸 책의 초판을 다 파는 작가가 전체의 10%도 안 된다고 합니다. 90% 이상의 작가들은 처음 초판이 전부인 겁니다. 그런데 앞으로도 책 출판량은 이보다 늘면 늘었지 줄진 않을 것 같습니다. 전자출판이 비교적 쉬운 시대니까요.

1년에 책 한 권 안 읽는 사람도, 1년에 책 한 권 낼 수 있게 만들어주는 것이 Chat GPT입니다. 어쩌면 책 읽는 사람보다 책 쓰는 사람이 많아질 수도 있습니다. 달리 보면 정말로 수많은 작가들이 탄생하는

'누구나 작가'인 시대인 거죠. 어느 카페에 들어가 "작가님, 차 좀 빼주세요"라고 하면, 홀 안에 앉아 있는 사람의 절반 이상이 자신의 자동차 키를 더듬거리는 모습을 곧 보게 될지도 모르겠습니다.

작가의 죽음을 말하지만, 오히려 수많은 작가들의 탄생이죠. 이런 시대에 작가라는 타이틀은 예전의 무게 같지는 않을 것입니다. 우리 사회가 '대학생'이라는 타이틀의 이미지를 소비했던 역사와 비슷하게 흘러가지 않을까 합니다. 60~70년대의 '대학생'은 그야말로 지식인의 다른 이름이었죠. "우리 삼촌 대학생이야"라는 말이 자랑이었던 시대였고, 시골에서는 소 팔아서 대학 보내면 그것이 곧 출세라 믿기도 했으니까요. 하지만 수많은 대학생들이 양산되어서 수능을 보는 인구보다 대학 정원이 많아진 요즘 같은 시대의 대학생은 그 이름값이 그때 같지 않습니다. 때때로 대학생들을 가리켜 '고등학교 4학년'이라 칭하는 것이 괜한 소리는 아닙니다.

작가 역시 마찬가지입니다. 오늘날 대학생은 정말 많지만, 과거 우리가 말하던 대학생과 같은 의미는 아니듯, 과거 우리가 작가라고 불렀을 때의 그 이미지랑 Chat GPT 시대의 작가는 사뭇 의미가 다를 겁니다. 예전 '작가'라는 이름에 걸맞은 작가는 한정적일 거라는 뜻입니다. 그 구분은 자기만 읽거나 주변 친구에게만 나눠줄 수 있는 그런 책을 쓰는 작가인가, 아니면 다른 사람들이 돈을 내고 살 만한 수요가 있는 책을 만드는 작가인가가 되겠지요. 그런 작가가 되려면 생존법을 찾아야 합니다.

작가들의 생존법

...

예전에는 글솜씨를 쌓아서 책을 냈다면, 브랜드를 쌓아서 책을 내는 방법이 지금의 작가들입니다. 특히 인플루언서들에게는 출판사에서 출간 제안을 많이 합니다. 기본적으로 팬들을 보유하고 있어서 그들의 팬 중 1~2%만 사줘도 충분하다고 보는 시각 때문입니다. 하지만 그런 인플루언서들이 모두 책을 내는 것은 아닙니다. 자신이 책을 낼 정도는 아니라고 겸손의 마음에서 출판 제안을 거절하시는 분도 많지만, 보통 조금 더 흔한 이유는 시간도 없고 글재주도 없어서예요. 간혹 대필작가들이 대신 쓰는 경우도 있지만, 그렇게까지 해서 책을 내고 싶은 생각은 잘 들지 않거든요. 그런데 이 브랜드 있는 사람들에게 시간과 글재주가 주어진다면, 지금보다는 더 적극적으로 출간을 고려할 겁니다(말씀드렸지만 자기 이름으로 나온 책 한 권 가지고 싶은 욕망이 생각보다 크거든요).

하지만 그렇기 때문에 앞으로는 '다시 글'로 갈 수밖에 없습니다. 너무 많은 브랜드들이 나오니까요. 이미 출판 시장에서 〈유퀴즈〉 출연이나 〈차이나는 클래스〉 출연 같은 타이틀은 먹히지 않은 지 오래입니다. 여기 출연하신 분들의 책이라고 다 잘 팔리는 게 아니거든요. 이 프로그램들이 오래되다 보니 거기에 출연하시는 분들이 많아져서, 마치 동네 어디에나 있는 'TV 출연 맛집'이 되어 버린 겁니다.

'다시 글'이라고 했지만, 무조건 '좋은 글'을 쓰면 될 거라는 추상적인 솔루션은 공허합니다. 작가도 많아지고 책도 많아지는 시대에, 나눠주는 책이 아니라 팔리는 책이 되려면 먼저는 자신이 쓰고 싶은 것도 좋지만, 대중들이 필요한 것을 제공하는 글이 조금 더 매력적이라는 것입니다. 대중들이 필요로 하는 건 꼭 정보만이 아닙니다. 위로, 감성, 공감, 재미 때로는 쓴소리일 수도 있습니다. 어떤 형태로든 대중들에게 도움이 되어야 한다는 거예요. 그러니 '왜 이 글을 쓰는가'에 대한 분명한 자각을 가지고 글을 써야 합니다.

그리고 또 필요한 것은 자신만의 독특함입니다. 내용적 창의성일수도 있고, 문체의 독특함일 수도 있습니다. Chat GPT의 글은 무난하고 평범하고 딱딱합니다. 어떤 내용도 중간 정도의 수준을 취하기 때문에, 수능 문제를 풀기 위해서 힘들게 읽었던 비문학 제시문 같은 것은 잘 내놓지만 개성과 유머가 담긴 글을 내놓지 못하거든요.

그리고 Chat GPT는 자신의 견해를 가지고 있지 않습니다. 답이라고 제시하는 것에 치우친 견해가 들어가면 안 되다 보니, 전망이나 견해를 알려달라는 질문에는 답을 회피합니다. 따라서 Chat GPT가 서술하는 글에 들어갈 수 없는 게 바로 견해, 가치, 주장, 감상, 감정 같은 것들입니다. 달리 말하면, 이런 게 들어가야 양산되는 글과 차별점이 생긴다는 거죠.

다음 단계로 가는 책과 작가

...

이쯤에서 한번 생각해볼 것이 책이라는 결과물에 대한 것입니다. 몇천 년 동안 사람들의 생각, 가치, 전하고자 하는 정보나 메시지들이 책이라는 형태로 주어져 왔습니다. 그런데 디지털로 데이터베이스화되고, 필요한 정보들을 굉장히 빠른 속도로 찾을 수 있던 시대에서 이제는 필요한 정보를 찾는 과정 없이 아예 출력할 수 있는 시대까지 되었습니다. 이런 시대에 과연 책은 어떤 역할을 할 수 있을까요?

사물을 묘사하고 내용을 전달하던 미술은 사진이 등장하자 '이제 미술은 끝났다'라는 부정적인 전망에 시달렸습니다. 하지만 웬걸요. 아직도 미술은 건재합니다. 사진이 나왔을 때 미술은 '그럼에도 미술을 좋아해야 해'라는 식의 자세를 대중들에게 강요하기보다는, 수천 년간 미술이 담당했던 임무 중의 중요한 한 부분을 사진에게 넘겨주고, 대신 다른 임무를 부여받는 식으로 경쟁력을 장착했습니다. 보이는 것을 그리는 것이 아니라 작가가 느끼는 것을 그리기 시작한 겁니다. 이런 대전환의 시대에 가장 핵심적인 역할을 한 것이 인상파였습니다. 그래서 반 고흐를 비롯한 인상파들이 유명한 거죠. 그리고 지금의 현대미술은 작가의 감정이나 인상을 전달하는 것에서 더 나아가, 의미를 전달하는 방향으로 가지 않았나 싶습니다. 물론 모든 미술이 다 그런 것은 아닙니다. 여전히 보이는 것을 충실하게 묘사하는 미술도 있으니까요. 하지만 그것만 있었다면 사진에 비해 경쟁력은 없었을 겁니다.

사진의 발달은 미술을 한 단계 다른 세계로 이끄는 트리거 역할을 했습니다. 마찬가지로 Chat GPT는 책과 작가를 지금까지와는 다른 단계로 이끌 수 있는 중요한 계기가 될 수도 있습니다. Chat GPT를 잘 활용하는 것도 작가로서의 경쟁력이 됩니다. 기본적인 글을 한 번 쓰게 한 다음에, 리라이팅하면서 자신의 개성을 입히는 거죠. 이렇게 글을 쓰실 분들은 창의력도 필요하겠지만, 더 필요한 것은 구성력입니다. 글의 순서를 조정하고, 배치하고, 연결해서 흥미롭게 서술하는 능력 말입니다. 이야기를 잘하는 사람들을 보면, 보통은 이 구성력이 좋습니다. 이 구성력을 다른 말로 편집의 힘이라고도 합니다.

최근 기획자들을 보면 이러한 편집력을 갖춘 사람들입니다. 공간 기획자나 행사 기획자들도 있는 것을 잘 연결하고 의미를 부여하는 작업을 잘하는 사람들이죠. 책 역시 이렇게 구성하고 편집을 잘하는 사람이 작가로서 조금 더 빛을 발할 수 있을 겁니다. 이렇게 되면 책은 서술하는 게 아니라 편집하는 게 되겠죠. 작가는 글을 쓰는 사람이 아니라 내용을 구성하고 편집하는 사람이 될 테고요.

꼭 이렇게 될 것이라기보다, Chat GPT 시대에는 책과 작가의 역할이 달라질 수 있다는 이야기를 하기 위한 예시입니다. 조금 더 그럴듯한 방법을 찾아내신다면 후세에 모네나 반 고흐와 같은 대우를 받으실지도 모르겠습니다.

DNA가 변해야 하는 출판사의 시스템

...

재미있는 것은 책의 출판 환경, 작가의 탄생 경로가 이렇게 변하는데도 출판 비즈니스는 여전히 변하지 못하고 있다는 점입니다. 서너 달이면 새로운 정보가 양산되고 거대한 흐름이 바뀌기도 하는 요즘 같은 때에 책 하나를 기획해서 출판까지 하는 데 여섯 달씩 걸립니다. 그것도 굉장히 빠른 거죠. 이미 필요성이 지난 시점에 철 지난 책들이 나오는 이유입니다. 물론 시간과의 다툼이 필요 없는 조금 더 본질적이고 감성적인 책들도 있습니다. 충분한 시간을 가지고 다듬는 것이 좋은 책들 말입니다. 하지만 그것은 나오는 책의 절반가량이고, 나머지 반은 그 시간 그때 필요한 책들입니다. 하지만 지금의 출판 시스템에서는 그 속도가 나올 수가 없습니다. 달리 말하면, 프로세스의 최적화를 통해서 이 속도를 잘 따라갈 수 있는 출판사, 그래서 시의적절하게 필요한 책을 공급할 수 있는 출판사가 살아남게 될 것입니다. 이렇게 보면 출판사는 레거시 미디어 같은 느낌이 들죠. 반면에 Chat GPT를 활용해서 개인들이 쉽게 글을 쓰고, 쉽게 출판하는 환경은 마치 1인 미디어가 급격하게 생기는 모습과 유사합니다. 방송사들은 처음에 '유튜버'들을 '관종들'이라는 이름으로 무시하다가 급격한 쇠퇴를 느끼게 되죠.

레거시 미디어의 몰락을 상징하는 굉장히 유명한 사건이 있었습니다. 2019년에 MBC 노동조합이 성명서를 통해 '7월 25일 하루 MBC 광고 매출이 1억 4,000만 원이다. 임직원 1,700명의 지상파 방송사가 여섯 살 이보람 양의 유튜브 방송과 광고 매출이 비슷해졌으니, MBC의 경영 위기가 아니라 생존 위기가 닥친 것'이라는 우려를 표현했었거든요.[86] 지상파 방송국이 키즈 유튜버와 광고 수익이 같다는 이 메시지 때문에 많은 사람들은 생각에 빠졌고(어서 빨리 유튜브를 해야겠다는)

레거시 방송국들은 충격에 빠졌습니다. 그때부터 방송가의 흐름이 바뀌어서 지금은 대부분의 방송국이 자신들의 프로그램을 유튜브에 조각 영상으로 띄우고 있습니다. 연예인들도 대부분 자신의 채널을 운영하고 있고요. 만약 유튜브 같은 마이크로 미디어가 뜨기 시작했을 때, 레거시 미디어가 선제적으로 대응했다면 지금과 같은 위기를 겪지는 않았을 겁니다. 지금에 와서 신문이나 방송국이 10년 전과 같은 영향력을 가진 매체라고 생각하는 사람은 없거든요. 그리고 앞으로 소비의 주체가 될 알파세대들은 TV를 보지 않습니다. 지금 뜨는 유튜버가 누군지는 잘 알아도, 공중파 주말 드라마의 주인공이 누구인지는 모르죠.

출판 생태계의 출판사도 마찬가지입니다. 이제 출판사의 경쟁자는 다른 출판사가 아니고, 누구라도 책을 낼 수 있는 1인 작가들입니다. 마치 지금 공중파 TV와 개인 유튜버가 조회수와 영향력을 두고 경쟁하듯이 말이죠. 하지만 이 경쟁은 이제 시작입니다. Chat GPT라는 도구가 이제 주어진 거니까요. 여기서 어떤 경쟁의 모습이 펼쳐지느냐에 따라서 출판 비즈니스의 판이 새로 그려질 것입니다. 출판사들의 지금 시스템으로는 개인들이 내는 책의 스피드를 따라가지 못하거든요.

어쩌면 우리는 몇천 년간 지켜온 책의 위상과 존재를 뒤바꾸는 엄청난 역사적 순간에 서 있는지도 모르겠습니다. 역사적으로 책은 소수

엘리트가 만들고, 다수 대중이 읽어왔는데, 이제 책을 만들 수 있는 사람이 다수 대중이 되는 거니까요.

언론과 대중 선동

그리고 미디어의 미래

수습기자에 합격한 Chat GPT

...

유난히 Chat GPT에 대해서는 언론 보도가 많습니다. 판을 바꿀 수 있는 기술이다 보니 관심도 높고, 실제적인 글로벌 기업들의 움직임도 심상찮아서 그런 것도 있겠습니다만, 또 하나의 숨겨진 이유가 있는 듯합니다. 뉴스를 생산하는 기자들이 Chat GPT에 대해서 '스파이더 센스'가 발동된 듯하거든요. 위험신호가 보이는 거죠.

현직기자가 실제 기자 업무를 Chat GPT가 어느 정도 대체할 수 있는지 가늠해 본 기사가 있습니다. 기자가 하는 일을 따져보니 크게 6가지 정도였는데, ① 보도자료 처리 ② 기자 간담회 취재 ③ 토론회/컨퍼런스 취재 ④ 현안에 대한 분석/해설 기사 작성 ⑤ 발생 사건 취재 ⑥ 탐사 보도였죠. 그리고 결론은 Chat GPT가 대체하지 못할 일은 그다지 많지 않아 보인다는 것이었습니다.[87]

또 어떤 기사는 "챗GPT야, 기자생활 몇 년 더 할 수 있을까?"라는 더 노골적인 제목으로 보도되었습니다. Chat GPT를 수습기자라 치고 실제 기사작성을 시켜보거나 면접까지 본 이야기를 기사로 쓴 것입니다. 그러니까 기자가 Chat GPT 초기 버전을 써보고 직접 기자의 미래를 평가한 거죠. 결론은 일단 수습기자로는 합격이라는 것입니다. 훌륭하다고까지는 못해도 신문에 내보낼 정도의 기사는 바로 작성을 했다고 합니다.[88] 신문에 내보낼 정도의 기사를 지금 쓸 수 있다는 것인데, 여기서 중요한 사실은 이런 기사를 매우 빠르게 지치지 않고 계속적으로 쓸 수 있다는 점입니다. 기자 한 명을 고용해서 생산할 수 있는 기사 수와 Chat GPT를 활용해서 만들어 내는 기사 수는 현격한 격차가 있을 수밖에 없습니다.

인사이트 넘치고 공감 가득한 기사가 매번 필요한 것은 아니거든요. 보도자료로 만들어진 기사, 사건 발생 기사, 간담회나 컨퍼런스 취

재 기사 같은 것에 20년 차 기자의 경험과 지혜가 필요한 것은 아닙니다. 오히려 앞으로 더더욱 초연결 사회가 되면 사건 발생 같은 것에 대한 취재는 도저히 인간이 AI를 따라갈 수가 없을 겁니다. 예를 들어, 자율주행차가 사고가 났다면 그 사고에 대한 신호와 기록은 실시간으로 중앙 교통통제국 같은 곳으로 전달이 되고, 그것은 연결된 AI가 바로 기사로 쓸 수 있다는 겁니다. 2~3년 차 기자 정도의 역할은 GPT가 해낼 수 있는 거죠. 그것도 한꺼번에 10여 명 몫을요.

Chat GPT가 미디어의 정식 기사를 쓰다

...

한국에서는 체험 기사가 주를 이루는 사이, 미국에서는 실제 Chat GPT로 작성된 기사가 정식으로 지면에 등장하기도 했습니다. 출판사로 유명한 아레나 그룹의 대표 잡지 〈맨스저널〉에 GPT 기술로 작성한 '달리기 기록을 단축하는 효과적인 팁'이나 '40세 이상 남성이 근육을 유지하는 법' 등의 기사가 실렸습니다. 정말 제목만 봐도 Chat GPT에 요구하면 딱 좋은 결과를 얻을 만한 제목입니다. 이렇게 쓴 기사를 '인간' 편집자가 검증한 후에 잡지에 실었다고 합니다. 아레나 그룹은 애완동물이나 정원 가꾸기 등을 주제로 한 잡지에도 AI가 작성한 기사를 실었다고 밝혔습니다.[90] 재미있는 점은 이런 사실을 밝히자마자 아레나 그룹의 주가가 10% 이상 급등했다는 것입니다.

아레나 그룹은 실험적 성격이 강했지만, 아예 시스템으로 Chat GPT를 도입하겠다고 나선 곳도 있습니다. 리스트 형식의 기사와 퀴즈 콘텐츠로 잘 알려진 미디어, 버즈피드입니다. 버즈피드는 바로 이 퀴즈 콘텐츠와 개인화 맞춤형 콘텐츠에 Chat GPT를 도입한다고 밝혔습니다. 조나 페레티 버즈피드 CEO가 직원들에게 보낸 메모에는 '앞으로 AI가 회사의 편집과 운영에서 더 큰 역할을 할 것'이란 내용이 들어있었습니다. 이 메모를 받자 직원들은 바로 인력감축, 구조조정에 대한 걱정을 익명 게시판으로 나눴는데, 아이러니하게도 증시에서는 버즈피드의 주식이 2배 가까이 올랐다고 합니다.[91]

2020년 〈더 가디언〉에 '이 글 전체는 로봇이 썼습니다. 아직 두려우신가요? 인간'이라는 제목으로 GPT-3가 쓴 기사가 올라온 적이 있었습니다. 사실 일회성 이벤트였었죠. 하지만 버즈피드의 계획은 일회성 이벤트나 실험 차원이 아니라, 이미 도입과 시스템 구성을 결정하고 발표한 것이니까 보다 더 Chat GPT의 영향력이 강하게 드러난 사건이라고 할 수 있습니다. 게다가 아레나 그룹이나 버즈피드의 행보를 대중들은 '바람직한 것'으로 보고 있다는 것도 알 수 있습니다. 주가가 올랐다는 것은 기대감이 있다는 뜻이니까요.

그러면 과연 신문기자는 직업으로서 미래가 있는 걸까요? 아직까지는 "Yes"입니다. 하지만 기자의 역할이 지금과는 달라야 합니다. 기사 작성 같은 업무는 GPT가 주로 맡게 되고, 인간 기자는 기사에 대한 검증, 추가 보완, 인사이트 첨가와 같은 첨삭을 하게 될 것입니다. 그런 면에서 책을 쓰는 과정과 비슷하죠. '초벌구이는 GPT가, 그것을 섬세하게 다시 굽는 것은 사람이'라는 개념이거든요. 거기다가 사람과 만나는 인터뷰, 취재원 관리처럼 커뮤니티가 필요한 일들에서는 사람이 필요할 겁니다. 이때의 기자는 지금의 기자 역할이라기보다 편집 권한을 가지는 데스크 역할이 될 것입니다.

텍스트 미디어도 1인 미디어가 강세

...

'1인 미디어가 강세'라는 말을 해도 사실 이 말은 영상 쪽에 주로 해당되는 것이었습니다. 대중들은 뉴스보다 유튜브 채널을 보며 정보를 얻습니다. TV 뉴스를 유튜브 채널들이 대신하곤 했죠. 그런데 기사 형태의 텍스트 미디어는 블로그나 SNS의 글들이 대체하지는 못했습니다. 그냥 신문을 안 보는 것이지, 블로그의 글을 신문 기사처럼 여기진 않았거든요. 1인 미디어라는 용어는 1인이라는 한계를 함께 표현하는 용어이기도 합니다. 영상은 한 개만 나와도 되지만, 신문은 한꺼번에 여러 가지 정보가 있어야 신문 같잖아요. 하지만 1인이 운영하는 블로그나 SNS에서 매일 서로 다른 내용의 텍스트 정보를 5~10개씩 쓰기는 힘듭니다.

그런데 Chat GPT의 도움을 받는다면 1인이 운영해도 하루에 수십 개 단위로 기사를 만들어 낼 수가 있습니다. 그것도 굉장히 다양한 분야에서요. 이렇게 되면 1인 미디어라는 용어는 단지 근무하는 사람의 수를 표현하는 것이지, 매체로서의 한계를 표현하는 용어가 아니게 되는 겁니다. 1인 미디어인데도 그 한 명이 어떻게 운영하고, 편집하느냐에 따라서 10인이 근무하는 회사 못지않은 퀄리티를 낼 수도 있을 겁니다. 그래서 진짜 1인 미디어의 시대가 열리게 되는 거죠. 방송국, 신문사 입장에서는 영향을 받는 그 1인들이 엄청 많이 생기게 되는 것입니다. 지금도 소식지라는 이름으로 개인이 하는 일이나 인사이트를 정리해서 지인들에게 이메일로 발송하는 사람들이 많습니다. 하지만 이런 글을 매일 몇 개씩 쓸 수 없으니 그냥 소식지에 불과했던 것이 이런 글을 코어로 놓고, 편집자가 제시한 제목에 맞춰 GPT가 작성한 다양한 기사를 주변에 배치해서 하나의 신문 형태로 만든다면 당당한 1인 신문이 될 수 있습니다. 예를 들어, 제가 운영하는 〈시한책방〉이라는 책 리뷰 유튜브 채널을 활용해서 책의 리뷰 정보를 제공하는 신문을 만들 수도 있습니다.

지금 바로 Chat GPT에게 어니스트 헤밍웨이의 『노인과 바다』를 10줄로 요약해 달라고 하니 그 결과를 이렇게 주었습니다.

1. 〈노인과 바다〉는 어니스트 헤밍웨이의 소설입니다.

2. 이 이야기는 늙은 쿠바 어부 산티아고가 조업에 나섰다가 거대한 청새치와 사투를 벌이게 되는 이야기입니다.

3. 청새치를 잡았음에도 불구하고, 산티아고는 잡은 청새치를 다시 해안으로 가져오는 데 어려움을 겪게 됩니다.

4. 이야기는 결단력, 탄력성 및 역경에 직면한 인간 정신을 그리고 있습니다.

5. 청새치와의 투쟁은 삶의 도전과 이를 극복하려는 인간의 의지에 대한 은유이기도 합니다.

6. 산티아고는 피로, 굶주림, 상어의 공격 같은 장애물들 직면하지만, 꺾이지 않고 계속해서 싸워나갑니다.

7. 노인과 바다의 관계, 삶과 죽음에 대한 그의 반성이 소설 주제의 중심입니다.

8. 이 이야기는 늙은 나이에도 불구하고 여전히 숙련된 어부인 산티아고의 자부심에 대한 이야기예요.

9. 〈노인과 바다〉는 헤밍웨이의 대표작 중 하나로, 여백이 있고 건조한 문체로 유명합니다.

10. 이 소설은 널리 읽히고 호평을 받았으며 미국 문학의 고전으로 간주됩니다.

헤밍웨이를 테마로 그의 소설들을 이런 식으로 몇 개 더 정리한다든가 아니면 어부 특집으로 옆에 〈모비딕〉을 제시한다든가 하면서 테마를 가진 독서 리뷰 신문을 만들 수 있습니다. 물론 이렇게만 제시하면 의미가 없으니, 제가 생각하는 헤밍웨이나 아니면 어부가 나오는 작품들의 특징들에 대한 의견과 감정이 들어간 기사를 메인에 놓는다면 더 좋겠죠. 이렇게 소식지를 조금만 확장해도 1인 미디어가 될 수 있습니다(소식지보다는 대규모이지만 인사이트풀한 정보와 텍스트를 나누는 서비스도 있는데, 이런 서비스들이 GPT 시대에는 너무나 위험할 수 있습니다. Chat GPT를 활용하면 훨씬 적은 사람으로도 비슷한 서비스를 구현할 수 있거든요).

1인 미디어의 방향성은?
...

유튜브는 수많은 사람에게 돈 벌 수 있는 기회를 선사했지만, 그렇기 때문에 엄청난 경쟁자를 끝도 없이 생산해내 무한경쟁도 같이 제공하는 매몰찬 플랫폼이기도 합니다. Chat GPT의 시대에는 유튜브에 1인 미디어가 횡횡하듯, 텍스트 베이스의 1인 미디어도 많아질 겁니다. 이미 개인 소식지를 발행하고 있는 분들이 Chat GPT를 활용해서 그 기사량을 몇 배로 늘리면 되는 것이니까요.

이런 시대이기 때문에 경쟁이 심화되고, 미디어의 내용은 훨씬 세분화되거나 더 뾰족해질 수밖에 없습니다. 정치 유튜버라는 장르가 있죠. 정치 전반적인 것을 다루는 유튜버는 공중파 TV와 비교해서 경쟁력이 크지 않기 때문에, 정치 유튜버들은 정치 성향을 분명히 하는 경향이 있습니다. 애매하게 여기저기 좋은 소리 하려다가 여기저기 나쁜

소리 듣기보다는 확실하게 한쪽 편을 들면 적어도 반쪽의 지지는 확보하기 때문입니다.

1인 미디어가 경쟁력이 있으려면 내용이 취향이나 지역, 공통점 같은 것으로 세분화되어야 합니다. '부암동 크로니컬, 자전거 타임스, 아토피맘 일보'처럼 말이죠. 어떻게 생각하면 과거 유행했던 지역 기반의 소식지 교차로, 벼룩시장의 시대가 다시 도래할지도 모르겠습니다.

팩트의 시대가 아닌 믿음의 시대

...

포털 사이트에 달리는 기사는 댓글을 통해 전반적인 여론을 살피는 도구로 활용됐습니다. 대중들은 기사만 보지 않고, 댓글까지 같이 챙겨보면서 이 사안에 대해서 '다른 사람들은 이렇게 느끼고 있구나'를 같이 살펴보곤 했죠. 하지만 그렇기 때문에 이 댓글을 조작하려는 시도가 꾸준히 있어 왔고, 실제로 댓글 조작 때문에 문제가 되어서 고발을 당하거나 실형을 사는 사람까지도 생겼습니다.

댓글은 한두 개 단다고 해서 여론을 형성할 수 있는 것은 아니기 때문에, 여러 개의 계정을 확보해서 댓글을 조작해 준다는 어둠의 업체에게 의뢰하는 경우로 한정되어 있었습니다. 대표적으로는 정치 쪽과

학원계가 이런 댓글 문제가 심합니다.[92] 그리고 몇몇 커머스에서 가짜 구매 후기를 달기도 했습니다. 그러니 가짜 댓글을 다는 것은 그만큼의 경제적 이익이 있어야 하는 일이라는 겁니다. 많은 자원과 비용이 들어가는 일이니까요. 심지어 대기업에도 경쟁사에 대한 악플을 다는 조직이 별도로 있다는 소문이 돌 정도입니다.[93]

댓글을 달 때, 특히 어려운 일은 수많은 사람이 댓글을 단 것처럼 그 내용이 조금씩 달라야 한다는 것입니다. 계정은 다른데 내용이 똑같다면 누가 봐도 조작된 댓글이라는 것을 알 수 있기 때문에 오히려 부작용이 생기겠죠. 하지만 Chat GPT는 이런 한계를 뛰어넘어 수많은 사람의 댓글 내용을 대신 작성해 줄 수 있습니다. Chat GPT의 시대에는 비싼 비용으로 어둠의 업체에 댓글 조작을 맡길 필요가 없어지는 것입니다. 이른바 댓글 조작의 대중화(?)가 이루어지는 거죠.

데이터 과학자 네이선 샌더스와 보안 전문가 브루스 슈나이어는 뉴욕타임스에 'Chat GPT 관련 기술이 우리 사회의 민주주의를 훼손할 수 있다'는 내용의 칼럼을 게재했는데, 그 첫 번째 근거가 바로 온라인 댓글의 조작이었습니다. 댓글 조작에 들어가는 비용이 저렴해지면서 이제는 더욱더 광범위하게 그런 일들이 일어날 수 있다는 우려를 나타낸 것입니다.[94]

이래저래 여론이라는 것이 조작되기 쉬운 환경이 되어버렸습니다.

예전에 기자는 상당히 존경받는 직업이었고, 우리 사회 지식인 구성의 한 축을 당당하게 차지하는 영향력 있는 스피커였습니다. 그만큼 종이신문에 기사 한번 실으려면 언론사 내에서 혹독한 훈련과 단계를 거쳐야 했죠. 하지만 인터넷 세상이 되면서 너무나 많은 온라인 매체들이 생겨났습니다. 상대적으로 쉽게 기사를 올리고, 기자를 자처할 수 있는 사람들이 대거 양산되는 환경이 만들어진 거죠. 기존 기자들도 유튜버와 조회수 경쟁을 하는 처지에 내몰리고 데스크 역시 조금 더 자극적인 기사가 없을까를 고민할 수밖에 없는 상황이 되면서, 전반적으로 기사의 퀄리티가 저하될 수밖에 없는 시대가 되고 말았습니다. 무엇보다 인터넷 시대에는 한 기자가 양산하는 기사의 양이 하루에 10여 개가 되어야 할 때도 있습니다. 이런 시대가 되면서 기자라는 직업을 비하하는 '기레기'라는 말이 유행하기 시작한 것입니다.

그런 것을 어느 정도 보완해주는 것이 기사의 댓글이었습니다. 주택 가격이 하향되는 시대에 '어떤 아파트가 뜬다'라는 분양 정보를 흘리는 기사 밑에는 어김없이 '너무 광고 아닌가요?' 같은 댓글이 달렸죠. 그것이 실제 광고든 아니든 대중의 입장에서는 조금 더 신중하게 생각하는 결과를 만들어 주니까 댓글이 어느 정도 균형추 역할을 한 것입니다. 그런데 이제는 기자도 믿을 수 없고, 댓글도 믿을 수 없는 환경이 되어버리는 것입니다. 그러면 미디어의 객관성이라는 것에 대한 의심이 지속되기 때문에 결국 믿고 싶은 것을 믿을 수밖에 없습니다. 예전에는 신문에 나고 방송에 나면 어느 정도 객관적이라고 믿는 시대도 있었지만, 지금은 자신의 생각과 신념에 어긋나는 기사에 대해서는 '편향되어 있다'라든가 '조작된 것이다'와 같은 의심으로 쉽사리 받아들이지 않거든요. 이제는 팩트의 시대가 아닌 믿음의 시대가 열리는 것인지도 모르겠습니다.

5

비즈니스의
듣도 보도 못한 기회들

틈새공략 타이밍이 성공열쇠

새로운 기술은 새로운 비즈니스에

...

Chat GPT의 파급력에 대해서 글로벌 기업이나 빅테크 기업 중심으로 일견 호들갑스러울 정도로 반응하고 있는 것은, 새로운 기술에는 새로운 비즈니스가 열린다는 것을 잘 알고 있기 때문입니다.

구글이나 메타, MS, 애플 같은 빅테크 기업들은 100년 된 기업들이 아닙니다. 컴퓨터가 보급되면서, 인터넷이 깔리면서, 스마트폰이 대세가 되면서 급부상해 세계적인 매출을 가진 기업이 된 것입니다. 소년 다윗과 거인 골리앗의 싸움은 잘 아시죠? 이 싸움에서 중요한 것은 칼과 방패라는 기존의 도구로 싸우는 골리앗은 누구도 이길 수 없었지만, 다윗이 들고 나온 것은, 칼과 방패가 아니었다는 겁니다.[96] 무릿매라고 돌멩이를 던지는 기술인데, 그냥 새총과 비슷한 느낌이라고 이해하면 될 것 같습니다. 완전히 다른 싸움의 도구에 대항하지 못한 골리앗은 결국 쓰러지고 말았습니다. 그러니까 다윗의 승리는 '장비발'이라고 할 수 있죠. 이렇게 도구가 달라지면 기존에 아무리 유리한 입장이었다 하더라도 결코 유리하지 않다는 것을 기존의 빅테크 기업들을 잘 알고 있습니다. 그들이 바로 다윗이었으니까요. 그래서 싸움의 판을 바꿀 것 같은 신무기가 나오면 긴장을 하고, 실제로 그런 것이 나오면 바로 사용법을 익혀서 그들이 그 무기를 자유자재로 사용할 수 있도록 훈련했습니다. 이번 Chat GPT에 대한 세계적인 반응의 이유입니다.

구글은 자신의 사업모델을 자신이 해칠 수 있는 카니발리즘의 우려에도 불구하고, 발 빠르게 〈바드〉라는 Chat GPT의 대항마를 발표했습니다. 초거대 언어 모델인 LaMDALanguage Model for Dialogue Applications를 기반으로 하는 바드는 '견습 시인'이라는 뜻으로, 구글의 데이터와 연계되어 큰 활약이 기대되고 있습니다.[97] 거기다 중국 바이두의 어니봇이나 한국 네이버의 서치 GPT 등 Chat GPT에 대한 응답

국내외 언어 기반 생성형 AI 주요개발 현황[95]

기업	명칭	현황	보유 초거대 AI
오픈·AI	Chat GPT	MS 검색엔진 빙에 탑재 Chat GPT-4, 2023년 발표	GPT
구글	바드	최신 정보 반영 급하게 공개하다가 오류 발생	LaMDA
바이두	어니봇 Ernie Bot	매개변수 2,600억 개	어니
네이버	서치 GPT	한국어 특화 모델 학습 매개변수 2,040억 개	하이퍼클로바
카카오	코 GPT	60억 개의 매개변수 2000억 개 토큰의 한국어 데이터 바티컬 (특화) 서비스	코koGPT

(2023년 2월 16일 기준)

이 전 세계 곳곳에서 터져 나오고 있고요.

글로벌 테크 기업들이 발 빠르게 반응하는 것은 신무기가 모습을 드러낸 이상, 기존의 무기를 갈고닦고 있어봤자 결국 새로운 무기를 들고 나온 다윗에게 질 수밖에 없다는 것을 알기에, 재빠르게 신무기로 갈아타서 새로운 비즈니스에서 다시 성과를 내는 것이 생존을 위해서는 훨씬 나은 방법이기 때문입니다. 즉 새로운 기술을 활용하는 갖가지 비즈니스들이 펼쳐진다는 것입니다. 인터넷이 막 보급되어서 한번 접속하려면 20분씩 걸리던 시대에, 지금의 SNS는 꿈도 꾸지 못할 비즈니스였죠. 싸이월드를 할 때만 해도 스마트폰이라는 것을 생각하지 못했기 때문에 싸이월드의 UI는 굉장히 무거웠습니다. 웹으로는 잘 돌아가도 앱으로는 들어갈 수 없는 사이즈였죠. 그래서 가볍게 스마트폰에 뜰 수 있는 페이스북이 모바일 인터넷 시대의 승자가 된 것입니다. 이런 과정을 잘 알고 있는 페이스북은 2012년에 자신들의 잠재적 경쟁상대인 인스타그램을 당시로써는 오버페이 논란을 불러일으키며(임직원 11명인 데다가 수익구조가 없는 회사를 10억 달러에 인수했으니까요.[98]) 인수해서 지금처럼 키웠는데, 이는 페이스북이 신무기를 들고 나와 성공한 회사라 신무기에 대한 투자를 아끼지 않는 성향이 있어서 가능한 일이었습니다.

이렇게 새로운 기술이 나와서 그 파급력이 전 세계에 미칠 때는 당대의 기술로는 생각할 수 없는 비즈니스들이 실시간으로 눈앞에 펼쳐지게 됩니다. 다시 말하면 기존 회사들의 빈틈이 생기는 순간인 것이고, 그 빈틈을 잘 파고들면 생각보다 더 엄청난 성취를 이룰 수 있는 시기라는 뜻입니다. 그래서 'Chat GPT로 인한 비즈니스가 무엇일까?' 미래를 생각하는 것은 매우 중요한 일입니다. 하지만 펼쳐지지 않은 미래를 전망하는 것은 그야말로 어려운 일이죠. 대강의 상을 잡을 수 있을 뿐입니다. 하지만 그렇기만 해도 방향성을 잡는 것이니 도움은 될 것입니다. 비즈니스의 방향을 잡을 수 있는 몇 가지 변화를 한

AI 콘텐츠를 생성해주는 서비스를 하고 있는 한국 스타트업 뤼튼의 홈페이지[99]

번 생각해봅시다.

미래 사회의 연료 활용하기

...

데이터 분석에 있어서는 확실히 Chat GPT의 활약이 두드러집니다. 현재 많은 데이터 분석업체들이 있지만 그들이 내놓은 분석결과는 그래프와 수치거든요. 음식점의 경우 비 오는 날 어떤 음식이 많이 팔리는지는 수치적으로 나오지만, 그것이 왜 그런지에 대해서는 데이터를 보는 사람이 짐작할 수밖에 없습니다. 사실상 수치를 인지하는 것이니 분석이라고는 할 수 없죠. 예능에 나온 출연자가 비 오는 날 특정 음식을 먹은 것이 화제가 되어서 몇 달간 어떤 음식이 많이 팔렸다면, 트렌드가 바뀌는 순간 이 데이터에 의존한 식재료 준비는 의미가 없어집니다.

Chat GPT가 폭넓은 데이터들과 연결되는 순간, 데이터로 나온 수치에 대해서 폭넓은 분석 자료를 제공할 수 있습니다. 물론 Chat GPT는 '절대적이지는 않지만, 이런 가능성이 있다'라고 선택지를 줄 텐데, 그 선택지만 봐도 데이터 수치만 받아드는 것보다 훨씬 큰 도움이 될 겁니다. 실제로 오프라인 기반 업체들은 데이터를 가지고 있지만, 그것을 활용하지 못하는 곳이 많습니다. 그런데 만약 엑셀에 있는 수치들과 몇 가지 조건만 입력했는데, 나름의 해석을 내놓는 서비스가 있다면 오프라인 업체들, 개인들, 소상공인들에서 활발한 수요가 일어날 수 있습니다.

데이터 분석 관련 업계에서는 GPT로 가장 빠르게 자동화 혁신이 일어날 것 같은 분야가 바로 '데이터 분석'일 것 같다는 얘기들을 하고 있습니다. 데이터 분석은 금방 자동화되어서 누구나 일상적인 말로 질문하고, 전문적인 처리 과정을 통해 다시 일상적인 말로 치환된 분석 결과를 받아들 수 있거든요. 데이터를 미래 사회의 연료라고 표현하는 사회지만,[100] 그 연료를 쓸 수 있는 사람은 한정되어 있었는데 Chat GPT로 누구나 데이터를 활용할 수 있는 가능성이 생기는 것입니다. 데이터를 제공하는 업무나 데이터를 제공 받아서 할 수 있는 비즈니스들에 많은 가능성이 생길 것이며, 현재 비즈니스에 데이터를 첨가해서 고도화하는 업무를 도와주는 프로세스에서도 역시 더 나은 비즈니스 기회들이 생길 것으로 보입니다.

급격하게 수요가 느는 솔루션 비즈니스

...

우리나라에서는 대통령까지 나서서 업무에 적극적으로 활용하라고 지시하지만, 실제로 정부에서 당장 Chat GPT를 쓰기에는 무리입니다. Chat GPT 같은 AI들은 사용자가 입력한 정보를 데이터로 활용하기 때문입니다. 이에 대한 동의를 하지 않으면 이용이 불가능하거든요. 그런데 정부 업무에서 이것을 사용하면 대한민국 정부의 자료들, 비밀문서들이 세계적으로 공개되는 것과 마찬가지가 됩니다. 그래서 보안에 민감한 대기업에서는 이런 솔루션 사용이 금지되어 있습니다. 네이버의 클로바 노트는 회의를 요약해주고 회의록까지 만들어 주는 편리한 인공지능 서비스인데도, 거의 매일 회의를 하는 대기업에서는

유튜브 채널 '빨간토끼'의 비트커피 지성원 대표 편 캡처

오히려 사용하지 못한다고 합니다. 이 회의 자료들이 학습 자료로 제공되기 때문입니다.[101]

그래서 솔루션을 구축해주는 비즈니스 역시 잘될 수 있습니다. 데이터를 공유할 수 없지만, 그 기업 내에서는 돌아가는 AI 모델이죠. 어느 정도 규모가 있는 대기업들은 자신들만의 GPT를 사내 업무 솔루션에 구축하려고 할 것입니다. 정부나 관공서, 지자체도요. 원천기술이 있는 기업은 꽤 많은 기회가 예상됩니다.

사물을 살아나게 하는 매직과 휴머노이드

...

나이가 좀 있으신 분들은 말하는 인공지능 자동차 키트가 나왔던 추억의 미드 〈전격 Z작전〉을 기억하실 겁니다. 주인공인 마이클 나이트가 "키트, 빨리 와줘" 하고 손목시계에 대고 말하면 키트가 탈출하는 주인공 앞에 문을 활짝 열고 달려오곤 했습니다. '지하철이 막혀서 늦었다'는 농담을 덧붙이기도 한 것 같고요.

차의 주인과 교감하는 인공지능 자동차 키트는 Chat GPT로 인해 실현 가능한 모델이 되었습니다. 사람의 말을 알아듣고 사람처럼 대화하는 AI가 나온 것이니까요. 단순하게 "6시에 알람" 하는 식으로 명령을 하면 알아듣고 수행하는 언어모델이 아니라, 대화를 하는 GPT이니까요. 그러면 우리 주변의 모든 전자기기와 소통할 수 있습니다. 〈미녀와 야수〉라는 디즈니 영화를 보면 찻잔, 주전자, 의자, 시계 등이 살아 돌아다니잖아요. Chat GPT는 바로 사물을 살아나게 하는 마법의 주문인 셈입니다.

하지만 모든 사물과 대화하는 것은 너무 피곤합니다. 그래서 집이라면 집 전체를 관장하는 스마트 홈 시스템에 이 Chat GPT 기능을 장착하고 전체적으로 총괄할 수 있게 하면 좋을 것 같습니다. 하지만 차는 또 다른 문제죠. GPT를 활용해서 어떤 사물을 살아나게 하는 것이

최선일지는 하나의 비즈니스 포인트가 될 것 같습니다.

Chat GPT가 장착되면 좋은 하드웨어로는 로봇이 있습니다. 일론 머스크는 2022년에 '2022 AI(인공지능) 데이'를 열고 휴머노이드 로봇 프로토타입(시제품) 모델을 공개한 적이 있습니다.[102] 스스로도 '아직은 거친 수준'이라고 말할 정도로 상상 속 안드로이드의 모습과는 거리가 있었지만, 중요한 것은 테슬라가 이 로봇을 개발하는 이유가 국방이나 산업의 목적이 아닌, 일반 가정 보급용이라는 점입니다. 자동차보다 저렴한 모델을 만드는 게 목표니까요. 처음 자동차가 나왔을 때는 누구나 가지는 것이 아니었지만, 지금은 어느 정도 생활 수준이 되면 사야 하는 생활용품으로 인식되고 있습니다. 사치품이 아닌 필수품의 단계인 겁니다. '언젠가는 자동차보다 더 가치 있을 것'이라고 말하는 일론 머스크의 생각은 로봇 역시 그렇게 될 수 있다는 뜻인데, Chat GPT는 그런 미래를 가능하게 해주는 열쇠가 될 겁니다. 사람과 교감하고 대화해서 로봇을 동작시키는 AI인 셈이니까요. 앞으로의 로봇 산업이 무척 기대되는 이유입니다. 당장 사람 형태의 휴머노이드는 무리라 해도, 반려견을 대신하는 강아지 모양의 로봇이나 식당에서 서빙을 해주는 로봇은 이미 보급되어서 쓰이고 있거든요.

비트커피는 로봇이 커피를 내려주는 것이 핵심 경쟁력인 프랜차이즈 커피 회사입니다. 6축 기계 팔이 커피를 내리는데, 처음에는 사람들이 기계가 커피를 내리는 모습을 무척 무서워했다고 합니다. 그런데 기계 팔 위에 모니터를 달고, 웃는 모양의 이모티콘을 하나 띄워서 휴먼터치를 강화했더니 매출이 2배가 되었다고 합니다.[103]

그런데 만약 이 기계가 손님과 대화를 하고 교감을 나눌 수 있다면 어떨까요? 그런데 또 너무 사람 같으면 징그럽기도 할 것 같죠. 전문적인 용어로는 '불쾌한 골짜기Uncanny Valley'라고 하는데, '인간이 인간이 아닌 존재를 볼 때 해당 존재가 인간과 많이 닮을수록 호감도가 높아지다가 일정 수준에 다다르면 오히려 불쾌감을 느낀다'는 이론입니다.[104] 그래서 앞으로는 Chat GPT를 활용해서 어떤 수준까지 적용해 불쾌한 골짜기를 피하면서 휴먼터치를 강화할 것인가가 접객을 하는 비즈니스의 핵심이 될 수 있습니다. 그런 휴먼터치 설계를 해주는 컨설팅이 필요할 수도 있고요.

Chat GPT 시대이기 때문에 뜨는
커뮤니티 비즈니스

...

Chat GPT를 활용한 비즈니스 기회는 아니지만, Chat GPT 시대이기 때문에 뜨는 비즈니스도 있습니다. 바로 커뮤니티 비즈니스입니다.

메타버스와 Chat GPT의 만남을 이야기하면서 내 앞에 앉은 아바타가 진짜 사람인지, AI인지 모르는 시대가 될 수 있다고 말씀드렸습니다. 이런 때가 되면 사람인지 아닌지가 크게 상관없는 시대이기도 하겠지만, 한편으로는 공허함 역시 함께 느낄 수밖에 없을 것입니다. 진정한 유대관계를 맺었다고 생각한 아바타가 사실 기계라는 것은, 어쩌면 '나를 이해하고 알 수 있는 사람은 없다'는 허무함을 자극할 수 있거든요. 그래서 반대로 디지털 시대에 활발해지는 것이 커뮤니티 모임들입니다. 실제로 지금도 SNS를 보면 여러 커뮤니티 모임들이 활발하게 이루어지고 있다는 것을 알 수 있습니다. 커뮤니티 모임에 참여하면서 정보도 얻고, 자기계발에 대한 동기부여도 얻지만 무엇보다 인맥을 쌓고 타인과 교류하는 데 만족감을 느끼는 사람들이 많습니다.

　서점이나 공간 대여, 심지어 레스토랑 같은 비즈니스들도 알고 보면 커뮤니티 모임을 기반으로 창업하는 경우가 많습니다. 한 예로, 강남과 남산에 각각 매장이 있는 '사유의 서재'라는 레스토랑은 원래 커뮤니티 모임으로 시작한 곳입니다. 셰어하우스를 운영하던 오영재 대표가 매주 한 번씩 낯선 사람들과 만나 자유롭게 이야기를 하는 모임을 지속한 데서 출발했거든요. 그 모임이 점점 공식화되어서 유료로 회비를 내는 사람이 300명이 되었을 때, 매번 공간 대여하고, 음식을 사 먹는 데 돈이 들어가니 아예 모임 장소를 만들자고 해서 이 레스토

사유의 서재를 검색해보면, 프라이빗 룸이라는 연관 키워드가 제일 먼저 나타나는 것을 알 수 있다[106]

랑이 탄생했습니다. 사실 고급스러운 모임 공간으로 시작한 건데, 지금은 음식 맛과 분위기 때문에 입소문이 나서 레스토랑으로 돈을 더 잘 벌고 있다고 합니다. 특히 남산지점은 처음부터 커뮤니티 모임을 염두에 두고 만든 만큼 프라이빗 룸 중심의 구조가 기업들의 식사 미팅이나 교육 모임에도 잘 맞아 그런 측면도 있습니다.[105]

커뮤니티 모임이 비즈니스화되는 하나의 경로인데, 이외에도 다양한 경로들이 있습니다. 사실 많은 커뮤니티 모임 주최자들이 지속가능한 모임을 유지하기 위해서 어떻게 비즈니스 모델을 만들까 고민하고 있습니다. 아마 그 모델을 잘 찾는 사람은 선구자가 될 수 있을 것입니다.

개인들에게 열리는 기회들

...

이런 기회가 모두 기업에 돌아가는 것만은 아닙니다. 개인들에게도 기회는 옵니다. 스마트폰 초창기 때는 앱을 개발하는 사람 중에 그냥 개인들도 꽤 많았습니다. 앱이 성공하면 회사를 차리다 보니 어느새 앱 개발은 개인이 경쟁력을 가질 수 없게 되었지만, 스마트폰 초창기에는 분명히 개인의 노력으로 성공에 도달한 사례들이 있었습니다.

Chat GPT라는 기술이 보급되고 대중화될 때도 마찬가지입니다. 몇 년 지나면 기업화되어서 개인이 끼어들 공간이 없을 수 있겠지만, 지금 초창기 때는 그래도 틈새들이 존재합니다. 그 틈새가 알고 보니 엄청나게 큰 공간일 수도 있고요. 특히 Chat GPT에 막대한 투자를 해서 활용에 대한 결정을 할 수 있는 회사가 마이크로소프트라는 것은 개인들에게 큰 희망을 줍니다. MS는 판을 까는 회사거든요. 윈도우 시스템이라는 것을 만들어서 구체적인 프로그램은 그 안에 들어온 사람이 짜되, 시스템을 자기 것으로 이용하게 만드는 인프라를 대는 회사입니다. 그러다 보니 MS의 기업 DNA 특성은 인프라를 깔고 사용자들에게 구체적인 사업의 장을 열어주는 것입니다.

Chat GPT를 활용한 플랫폼을 만들어도 플랫폼 위에 구체적으로 어떤 것을 만들 것인가에 대해서는 전 세계 사용자들에게 기회를 줄 가능성이 높습니다. 사실 네이버 같은 경우도 AI 인프라를 만들고 월 정액만 내면 그것을 활용할 수 있게 해주는 식으로 사업을 전개하고 있습니다. 따라서 Chat GPT를 이용해서 비즈니스를 하려는 사람들에게 솔루션을 제공하는 형태의 B2B나 B2C 사업이 가능할 겁니다. 지금 Chat GPT가 베타테스트였기 때문에 비즈니스 모델이 속속 론 칭이 될 텐데, 그런 타이밍을 잘 잡아야 하는 거죠. '원래 하는 일과 관계가 있어서 초보보다는 유리한데 여기에 Chat GPT 같은 AI를 끌어 왔을 때 폭발적으로 성장할 수 있는 일이 무엇인가?'를 찾기 위해서 계속 촉을 세워야 합니다. 그러니 Chat GPT가 엄청난 기회라고 해서 지금 당장 시작하는 것이 중요한 게 아닙니다. 정말 필요한 것은 시작해야 될 때를 놓치지 않는 것입니다. 자신에게 맞는 기회의 타이밍이 반드시 오거든요. 그 타이밍을 알아보고 잡아채는 것이 지금 우리가 해야 할 일입니다.

4장

GPT가 만들어 내는
그림자의 농도

신기술이 나오면 그 가능성과 같이 논의될 수밖에 없는 것이 그 기술이 만들어 내는 그림자들입니다. 태양이 밝을수록 그림자는 더 짙습니다. PC가 처음 나와서 개별 가정에 보급된다고 했을 때, 그것을 반대한 데이비드 번헴이라는 작가와 당시 애플 CEO였던 스티브 잡스의 토론은 아직도 화제가 됩니다. 1981년 ABC방송국의 간판 심야뉴스였던 〈나이트 라인〉에서 이루어진 토론인데, 여기에서 데이비드 번헴은 개인 사생활 침해 우려가 있기 때문에 가정에 컴퓨터를 보급하는 것은 위험한 발상이라는 주장을 했습니다.[107]

사생활 침해와 보안 문제를 생각해보면, 오히려 매우 통찰력 있는 주장이었습니다. 다만, 그런 것을 막는 기술도 함께 발달했기 때문에 전면적인 문제로까지는 번지지 않은 거죠.

모든 밝음은 반드시 그림자를 만듭니다. 하지만 그 그림자가 예상된다고 해서 태양을 가릴 수는 없습니다. 문제점을 예상해보는 일은 결정을 포기하고 더디 가라는 것이 아니라, 그것을 예방하고 조심하자는 것입니다. 그런 의미에서 이번 장에서는 Chat GPT가 만들어 내는 문제점에 대해서도 짚어보도록 하겠습니다.

'일자리 대체'는
계속 나온 이야기인데

이번에는 왜 실감이 다를까?

'언젠가는'이 아니라 '지금 당장'의 일

…

기자, 작가, 지식인, 교육자, 마케터, 프로그램 개발자, 컨설턴트, 애널리스트, 방송관계자, 법조인, 회계·세무직 종사자들, 사무직 회사원들, 판매직 종사자들, 상담사, 통·번역가, 영화 관계자 등의 공통점은 이번 Chat GPT 공개로 인해 큰 충격을 받은 사람들입니다. Chat GPT를 써본 사용자 가운데 '앞으로 뭐 해 먹고 살지?'라는 우려를 공개적으로 표한 사람도 많습니다. 지금 공개된 기술이 끝이 아니라 이게 시작일 뿐이라는 것을 잘 알고 있으니까요.

AI로 인한 일자리 대체는 이미 많이 알려진 문제인데 Chat GPT는 왜 다시 이런 공포를 불러일으킬까요? 그전에는 'AI가 대체할 수 있는 직업군이 조금은 제한되어 있다'라는 생각과 '어쨌든 내 대에서는 아니다'라는 안심이 있어서였습니다. 예를 들어, AI가 주문을 받는 서비스직 종사자를 당장에 대체할 수는 있어도, 글을 써야 하는 기자라는 직업은 쉽사리 대체하지 못할 거라고 생각했다는 겁니다. 또 '언젠가는 기자 직업도 대체될 수 있다'라고 생각하는 사람도 있었습니다. 다만, 그 '언젠가는'의 시간 감각은 꽤나 아득합니다. 쉽게 말하면 다음 세대의 일이지, 당장 내 일은 아니라는 거죠.

하지만 Chat GPT는 창작이라는 업무도 가능하다는 것을 보여주었습니다. 실제로 기사작성을 시켜보니 그럴듯하더라는 거죠. 그걸 대중들에게 기사로 내보내기도 했고요. 그래서 중요성이 떨어지는 기사는 Chat GPT에게 업무를 대신 맡기겠다는 미디어가 벌써 생겨났습니다. 기자를 대체할 수 있는 것도 모자라 그것이 먼 훗날의 이야기가 아닌 지금 당장의 이야기가 된 겁니다. 그렇다고 모든 기자를 대체할 수는 없습니다. Chat GPT의 능력에는 한계가 있으니까요. 반드시 사람이 필요한 부분이 있는데, 전반적으로 예전에 비해서 인력이 덜 필요해진 것은 사실입니다. 그래서 구조조정의 가능성이 생기며 지금 나의 이야기가 된 것입니다.

안전지대가 없어졌다

...

AI가 사람의 일자리를 대체한다는 이야기는 하루 이틀 나온 우려가 아니지만, 그래도 안전지대는 있었습니다. 사람의 창의성이 필요하거나 케어가 필요한 일들은 대체할 수 없으니 그런 것을 해야 한다는 게 그나마 위안이었거든요. 하지만 Chat GPT는 아주 혁신적인 수준이 아닌 정도의 창의력은 대체 가능하다는 것을 보여주고 있습니다. 이것은 언어 모델뿐 아니라 그림이나 음악, 영상 AI에서도 마찬가지입니다.

튜링테스트를 통과했다는 소문이 설득력을 가질 정도로 Chat GPT는 마치 사람과 대화하는 느낌을 줄 때가 있습니다. 농담도 할 정도니까요. 상담하고 케어하는 많은 부분의 일이 대화하고 교감하는 일인데, 이것도 대체 가능하다는 생각이 들게 되는 것이죠. 이제는 AI가 못하는 분야를 찾는 것이 아니라, 한 분야에서 AI에게 맡기지 못할 일을 찾는 것이 더 나은 선택지가 되어가는 듯합니다.

Chat GPT와 공존하는 법

...

AI가 대체하는 일자리 문제에 대해서 Chat GPT는 또 다른 해법을 살짝 일러주기도 했습니다. 그동안의 기계들은 인간을 그대로 대체하는 형태가 많았습니다. 주차요금 징수원이 사라지고 기계로 바뀐다든가, 음식점 주문이 키오스크로 바뀐다든가 하는 식으로요. 인간과 기계가 협력해서 업무를 수행하는 것이 아니라, 그대로 대체가 되어버리는 겁니다. 하지만 Chat GPT가 나눠 할 수 있는 업무들은 여전히 사람이 필요한 일이기도 합니다.

마케터를 예로 들면, SNS에 올릴 카드 뉴스를 만들고, 디자인을 하고, 문구를 작성하고, 실제로 업로드 하는 일들은 Chat GPT가 할 수 있습니다. 하지만 실제 올라가는 내용을 검증하고, 전체적인 방향을 기획하고, 언제 올릴 것인가 타이밍을 정하는 것은 여전히 사람의 '판단'이 필요한 부분입니다. 그러나 분명히 예전에는 5명이 필요한 일이었다면, 이제는 2명으로 수행 가능한 일이 되기도 합니다. 그럼에도 2명의 일자리는 살아 있다는 것이 포인트입니다. 전체 업무를 기계로 대체할 수 있는 직업에서는 이렇게 기계와 공존하는 일이 어렵지만, 업무를 기계와 같이 분담해서 수행할 수 있는 일에서는 공존이 가능한 것입니다.

오히려 이렇게 되면 마케터 한 명이 담당하는 영역이 커지면서 살아남은 자의 연봉은 더 올라갈 수 있겠죠. 사용자 입장에서는 5명분의 임금이 아니라 3명분의 임금을 2명에게 나눠 지급해도 이익이니까 조금 더 좋은 인재를 뽑기 위해 1.5배분의 임금을 지급할 수 있거든요. 1.5배를 주더라도 한 사람이 Chat GPT를 활용해서 2.5배분의 일을 하는 셈이니 그런 능력이 있는 사람을 잘 뽑는 게 중요하겠습니다.

그래서 Chat GPT가 대체하는 일자리들은 특성상 그 분야에서 살아남는 사람은 더더욱 대접받게 될 가능성이 많습니다. 달리 말하면, 변화에 잘 적응해서 Chat GPT를 활용해 업무 효과를 상승시키는 사람들이라면 오히려 이런 변화가 매우 반가울 것입니다.

할루시네이션

그럴듯함의 오류

할루시네이션

...

제가 대학교 신입생 때, 정말 모든 것을 다 아는 것 같은 선배가 있었습니다. 어떤 질문에도 답을 했고, 어떤 문제에도 해결책을 이야기했는데, 설명하는 목소리나 태도에 진정성과 합리성이 묻어 나와서 정말 신뢰감을 주는 선배였죠. 그래서 그 선배의 말 중에 틀린 게 많다는 것을 아는 데 6개월 이상 걸렸습니다. '그 선배가 말한 게 틀림없을 텐데'라고 생각하며 이상을 감지해도 인지하진 못했던 거죠. 그 선배가 악의가 있어서 거짓말을 한 건 아니고, 실제로 자신도 그렇게 생각했기 때문에 확신을 가지고 말한 것이었지만, 결과적으로는 많은 사람이 사소한 피해를 입게 되었습니다.

이런 것을 할루시네이션Hallucination이라고 할 수 있습니다. 단어의 뜻은 환각, 환청인데, AI와 연관해서 쓰일 때는 'AI가 잘못된 정보를 그럴듯하게 답하는 것'을 뜻합니다. 당연히 AI가 의도를 가질 수는 없으니 나쁜 의도라는 게 있을 수는 없습니다. 바로 그 점이 사용자들에게는 조금 더 신뢰감을 주는 거죠. 그런데 그럴 의도는 아니었지만, 처음부터 학습하는 데이터 자체에 오류가 있거나 편향되어 있는 경우 혹은 제대로 분류되지 않은 데이터로 학습하는 경우 등 이러저러한 이유로 AI가 잘못된 답변을 내놓을 가능성이 있습니다.[108] 하지만 'AI가 내놓은 답변이라는 믿음'이 내용은 잘못되었지만, 겉으로 보기에는 그럴듯한 답변을 그대로 받아들이게 되는 이유가 되기도 합니다. 물론 구글 검색으로 찾아도 이런 문제는 발생할 수 있지만, 정보를 체크할 수 있는 레퍼런스가 확인이 되고, 무엇보다 자신이 이 지식의 통합과정을 직접 담당하며 중간 검증을 하는 역할을 할 수밖에 없거든요.

그런데 Chat GPT는 말하자면 백성들의 민원을 직접 듣고 싶은 왕이 백성들을 일일이 만나며 물어보면 되는데, 그럴 시간이 없으니 믿

1936년 리터러리 다이제스트 여론 조사의 투표용지[109]

음직한 신하에게 백성들의 고민을 듣고 정리해 달라고 한 셈입니다. 문제는 이 신하가 믿음직하지 못하면 어차피 안 믿으니까 잘라 버리고 다른 신하에 그 역할을 맡기면 되는데, 이 신하는 가장 믿음직한 사람이라는 거죠. 하지만 이 신하가 만난 백성들이 편향되어 있을 수 있는 겁니다. 그 예로, 1936년 미 대선에서의 설문조사 편향성을 들 수 있습니다. 공화당의 랜던 후보와 민주당의 루스벨트 후보가 맞붙었는데, 이때 리터러리 다이제스트Literary Digest라는 잡지사가 무려 240만 명의 설문지를 가지고 투표결과를 예측했습니다. 랜던의 승리가 예상이 되었는데, 루스벨트의 지지율은 42%밖에 안 되었습니다.

240만 명이나 되는 설문의 결과였기 때문에 상당히 그럴듯했죠. 하지만 실제 선거가 벌어지자, 루스벨트는 62%의 지지를 받아 당선이 되었습니다. 알고 보니 리터러리 다이제스트의 구독자들 대부분은 부유하고 경제적 여유가 있는 사람들이었기에 지지 정당이 편향되어 있었던 겁니다.[110]

그럴듯함의 오류가 발생한 거죠. 인공지능이 내놓는 답변의 문제가 바로 이것입니다. 영화를 보면 인간을 보조하는 AI는 수치에 근거한 확실한 정답만 내놓는 모습을 보이는데, 데이터의 편향성이 있을 수 있기 때문에 사실 AI라고 반드시 옳은 것만은 아니라는 겁니다. 그래서 AI가 내놓는 답이 100%라고 여기다가는 언젠가 큰 문제가 발생할 확률이 있습니다.

AI가 표현하는 혐오와 차별의 문제는
얼마든지 조정 가능하다

...

언어 AI가 나올 때마다 늘 논란이 되는 것이 편향성, 편견, 차별, 훼손의 시각입니다. 인간의 자료들을 학습하다 보니, 어느새 AI는 심각한 인종차별자가 되어 있을 수도 있다는 것입니다. 그런데 이런 우려 자체가 사실은 누워서 침 뱉기예요. 모두 인간 때문입니다. 데이터에 그런 자료들이 많으니까 평균을 찾아가는 AI가 그런 방향의 학습을 하는 거죠. 욕하면서 싸우는 부모를 보면서 자란 아이가 욕하지 않는 것을 기대하는 것이나 마찬가지인 겁니다. AI가 혐오와 차별의 언어를 쓴다고 욕하기 전에, 먼저 전 인류적으로 반성의 시간을 가지는 것이 필요하지 않을까 싶기도 합니다. 하지만 이건 어디까지나 이상론적인 이야기죠. 인터넷 댓글만 봐도 이래 가지고 정상적인 사회생활을 할 수 있을까 싶은 사람들이 차고 넘치잖아요. 그러니 인간의 자정 노력이 필요하다는 선한 해결책보다 더 현실적인 해결책이 필요합니다.

결국 AI에 대한 모니터는 꾸준히 이루어져야 합니다. 유튜브처럼 대중들이 쉽게 콘텐츠를 올리는 채널들의 업무 중에 높은 비중을 차지하는 것이 콘텐츠 감시입니다. 물론 콘텐츠를 올리는 숫자에 비해 검증하는 인력은 적기 때문에 문제가 생기지만, 그래서 AI로 혐오, 차별의 언어를 잡아낸다든가, 신고를 받는다든가 하는 식으로 계속 보완하고 있습니다.

마찬가지로 AI가 스스로에게 필터시스템을 적용해, 잘못된 가치관에 기반한 혐오나 차별의 발언들을 스스로 자정하게 할 수 있습니다. 한국지능정보진흥원NIA AI·미래전략센터가 발간한 〈Chat GPT는 혁신의 도구가 될 수 있을까?〉라는 보고서에는, Chat GPT가 이미 차

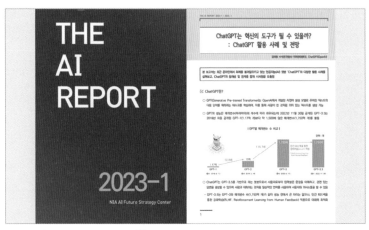

NIA가 발 빠르게 낸 Chat GPT 보고서[111]

별·혐오 발언을 차단하기 위해 AI 기반 조정 시스템Moderation API을 사용하고 있다고 말합니다.[112] 이런 도구는 사용할수록 데이터가 쌓여서 더욱 고도화됩니다. 점점 더 신뢰성이 쌓이는 거죠.

그리고 Chat GPT를 사용해서 일의 프로세스를 만든다고 할 때 인간의 검증 과정이 없어지지 않는 이유도 바로 이것입니다. 적어도 몇 년간은 인간의 검증하에 언어 GPT의 답변 내용을 조정해야 합니다. 하지만 결국에는 언어모델로서의 GPT는 머신러닝과 검증으로 인한 고도화를 통해 점점 답변의 정확도를 높여갈 것입니다.

차별과 혐오의 가치관이 문제라고 하지만, 이들이 표현하는 차별과 혐오의 가치관은 얼마든지 조정 가능한 것입니다. 한번 생긴 가치관이 잘 수정이 안 되는 것은 인간들이나 가진 문제거든요. AI는 감정이 없기 때문에 시기와 질투에 기반한 답변이나 주장은 하지 않습니다. 'AI가 편향된 의견을 가지니 없애자'는 말은 사실 시기와 질투, 불안에 기인한 인간의 주장일 수 있다는 생각이 들지 않나요?

양극화

초거대 기업의 독점과 AI 디바이드

두 가지의 양극화 문제

...

Chat GPT가 야기할 수 있는 문제 중에 가장 해결이 쉽지 않은 문제가 바로 양극화입니다. 어쩌면 양극화는 자본주의와 기술발전이라는 두 가지 축으로 굴러가는 현대사회의 원죄와 같은 것이죠. 가져갈 수밖에 없는 문제입니다. Chat GPT로 인해 야기되는 양극화는 여러 가지가 있을 수 있지만, 대표적으로 두 가지가 크게 부각이 됩니다. 초거대 기업의 독점으로 인한 기술적 양극화와 또 하나는 이 기술을 효과적으로 사용할 수 있는 사람들과 그렇지 못한 사람들 사이의 디지털 능력 양극화죠.

초거대 기업의 독점으로 인한 기술적 양극화

...

초거대 기업의 독점으로 인한 양극화는 글로벌 비즈니스 시대의 대표적인 문제 중 하나입니다. 하나의 서비스가 성공해서 뜨면, 굉장히 짧은 시간 안에 글로벌로 퍼지면서 세계적으로 사용자를 모으고 고객을 확보합니다. 예전에는 자동차가 아무리 떠도 한국은 관세라는 이름으로 수입의 문을 닫아걸고 현대차를 키워줌으로써 국제적으로 경쟁력 있는 현대차를 만들 수가 있었습니다. 하지만 인스타그램의 사용자는 이런 식으로 국가가 통제할 수가 없습니다. 관세를 매길 수는 더더욱 없죠. 인터넷으로 인해 세계 곳곳의 소식이 공유되는 요즘에는 국가가 나서서 비즈니스를 통제하는 데 한계가 있습니다. 그러다 보니 한 기업이 세계적으로 독점 상품을 판매하는 사례들이 생깁니다. 예를 들어, 마이크로소프트의 컴퓨터 운영체제인 윈도우 시스템이 대표적입니다. 이런 독점적 물건이 생기다 보면 가격 조정 권한이 생기는 것과 마찬가지여서 매우 높은 이윤을 창출할 수 있거든요.

이렇게 벌어들인 돈은 다시 새로운 기술들에 투자되거나 그런 기술을 가진 회사를 사서, 미래에 각광 받는 기술들에서 앞서나가고, 가진 돈으로 마케팅을 벌여서 고객을 유치해 그 기술에서 독점적 지위를 확보해 나갑니다. 새로운 기술을 미래의 표준으로 정착시키는 과정에서 막대한 돈이 들어가기 때문에, 사실 글로벌 기업들이 아니고서는 이런 사이클을 구성할 수가 없습니다. 그래서 이 순환 구조가 잘 갖춰진다면 다른 기업들이 이 사이클에 끼어들 여지가 없는 겁니다. 구글이나 MS, 애플, 페이스북 등이 이러한 기업들의 모습을 보여주었죠.

Chat GPT 역시 엄청나게 돈이 드는 기술입니다. 서버 비용만으로도 매달 200억 원이 넘는 적자를 기록하며 지금까지 사업을 해오는 중이거든요.[113] 이에 대한 비용은 투자로 충당하고 있습니다. MS는 2019년 Open AI에 10억 달러를 투자했고, 이후 다시 2022년에 100억 달러 투자를 결정했습니다. 한화로 치면 13~14조 원을 넣은 셈인데, 그 대가로 MS 검색엔진이나 엑셀 같은 프로그램에 Chat GPT를 접목할 수 있게 되었습니다.

무엇보다 Chat GPT를 만든 제작사인 Open AI의 가치도 작년 140억 달러에서 2023년 290억 달러(약 36조 원)로 2배 이상 올랐습니다.[114]지분 49%를 확보한 MS로서는 단순하게 수치적으로만 보면 이미 투자한 만큼은 번 셈이나 마찬가지죠.

그런데 중요한 것은 Chat GPT로 상품을 만드는 것이 이제 시작단계라는 사실입니다. 지금부터 진짜 돈을 버는 것인데, Chat GPT가 현재까지는 앞서가고 있습니다. 이런 기술들을 가진 구글이나 메타 등도 재빠르게 비슷한 서비스를 내놓긴 했지만, 선수를 이미 빼앗긴 거나 다름없죠.

우리나라의 삼성이나 SK, 네이버 같은 기업들은 경쟁력이 있을까요? 네이버가 웹툰이나 웹소설 같은 콘텐츠로 세계 진출을 모색하는 사이, 기술적인 이슈는 빼앗겨버린 게 사실입니다. 한글 기반의 AI 서비스가 나오더라도, 잘되어봤자 한국 내수시장에서만 소비될 확률이 높습니다. 하지만 언어 GPT는 '아래아 한글'과는 다릅니다. 데이터가 많은 만큼 유리한 거잖아요. 번역 품질이 빠른 시간 안에 향상되어 가고 있는 지금의 세계에서는 내수시장만 가지고는 한계가 있습니다. 한국 기업들은 '한글에 특화되어 있다'와 같은 포인트에만 포커스를 맞추지 말고, 어떻게 하면 세계적인 경쟁력이 있을지부터 다듬어야 합니다.

Chat GPT와 같이 판을 바꿀 만한 기술은 결국 부익부 빈익빈의 구조를 더욱 공고히 하는 기술일 수도 있습니다. 돈 있는 글로벌 대기업들이나 이런 변화에 제때 대응할 수 있거든요. 하지만 돈이 없고 규모가 작은 기업에도 이런 변화는 기회일 수 있습니다. 틈새시장과 아직 없는 시장은 누구라도 처음이니까요. 그래서 양극화의 문제를 해결하기 위해서는 인프라를 개발하기보다는 인프라를 활용해서 지금까지 나오지 않은 비즈니스나 서비스에 집중하고, 거기서 얻은 결과로 차근차근 인프라를 갖춰나간다는 방식으로 접근하면 글로벌로 성장할 가능성이 조금이나마 생길 수 있습니다.

AI 디바이드

...

또 하나의 양극화는 사용자 간의 격차에서 생깁니다. 마케터나 기자, 작가들이 Chat GPT를 잘 활용하면 2~10배 가까이 생산성을 끌어올릴 수가 있습니다. 하지만 이것을 활용하지 않는 사람들은 도태될 수 있습니다. 온라인 학습 플랫폼 쿠르세라의 제프 매지온칼다 CEO는 CNN에 "Chat GPT를 사용하지 않는 사람은 곧 심각한 불이익을 받게 될 것"이라고 했습니다. Chat GPT의 효율성과 생산성, 인지 능력 등이 직원들의 생산성에 큰 영향을 미치는 것을 본 거죠. 또 다른 CEO는 "약 한 달 전 Chat GPT를 발견했는데 내 삶과 직원 배치도를 바꿔놓았다"라고 말하기도 했습니다.[115]

Chat GPT를 효과적으로 쓰는 사람과 그렇지 않은 사람이 가지게 되는 차이를 저는 'AI 디바이드'라고 부르는 것이 어떨까 제안합니다. 디지털 디바이드가 디지털 기기를 사용할 수 있는 사람과 그렇지 못한 사람의 격차를 이르는 말이듯이, AI 디바이드는 AI를 잘 활용하는 사람과 그렇지 못한 사람이 가지게 되는 격차를 이르는 말입니다.

따지고 보면 AI 디바이드는 디지털 디바이드의 일종이지만, 약간의 차이가 있습니다. 디지털 디바이드는 디지털 기기를 잘 못 다루고 이용할 줄 모르는 하드웨어적인 문제이지만, AI 디바이드는 소프트웨어적인 문제에 가깝습니다. Chat GPT 사용법은 너무나 쉽거든요. 사이트에 들어가서 깜빡이는 프롬포트에 질문만 입력하면 됩니다. 다만, 실제 들어가서 '뭘 물어보지?'라고 생각하는 사람이 많을 겁니다. 그

출처 : NESS LABS(https://nesslabs.com/artificial-creativity)

AI 창작의 도구들, NIA 보고서 중에서[116]

물어보는 질문, 나오는 대답을 활용하는 방법들에서 격차가 생기는 것이니까, AI 디바이드는 소프트웨어에서 나오는 격차라고 말할 수 있는 거죠.

정석적이지만 필요한 일들

...

양극화 문제의 해법은 정석적입니다. 먼저 거대 기업의 독점 문제는 국가의 규제로 풀 수밖에 없습니다. 기업의 활동에 제한을 가하는 것이 갈수록 힘들어지기 때문에, 새롭게 규제를 만들기보다는 기존에 공정거래법 같은 것을 잘 활용하면서 풀어나가야 하거든요. 다만 우리나라의 법은 우리나라 기업에만 효과가 미치는 만큼, 외국 기업의 독점적 행태에 대해서 어떻게 대응할지는 고민해야 할 부분입니다. 점점 더 상품이나 서비스가 국가를 초월해서 론칭되고 서비스될 테니 앞으로의 기술발전과 비즈니스까지 생각해서 가장 효과적인 방법을 찾아야 합니다. 이게 잘 안 되면 우리는 국가 간 부의 불균형이 심화되는 상황을 맞게 됩니다.

AI 디바이드는 개인 간 부의 불균형을 조장합니다. AI를 활용해서 생산성을 극대화한 사람은 그만큼 자신의 몸값을 높이는 셈이고, 그렇지 못한 사람은 지금 곧 사직서를 작성해야 할지도 모르거든요. AI 디바이드는 개인의 문제이다 보니 그 충격을 없앨 수는 없고, 완화시키는 방향으로 갈 수밖에 없습니다.

자본주의는 양극화 문제를 수정 자본주의를 도입해 복지로 풀었습니다. 기술로 인한 양극화도 마찬가지입니다. 사실 개인적으로 노력하는 것이 제일 좋습니다. 개인적인 노력으로는 AI를 활용하는 방법에 대해서 부지런히 배우고, 익히고, 응용해봐야 합니다(다만, 중요한 것은 AI 활용법은 기술적 이슈가 아니라 '통찰력, 연결력'처럼 조금 더 근본적인 능력에 대한 교육이기 때문에 잠깐 블로그 뒤져서 사용법 익히는 것을 말하는 건 아니라는 걸 분명히 인지해야 합니다).

사회적인 노력은 국가와 기업의 노력으로 나뉠 수 있을 것 같은데, AI 솔루션을 공급하는 기업은 기술 사용의 직관화에 신경을 써야 할 것입니다. 노인이나 기계를 너무나 싫어하는 사람들도 거부감 없이 사용할 수 있도록 쉬운 이용방법을 구현하도록 노력해야 합니다. 사회적인 노력 중 공공차원의 노력은 기술적 약자에 대한 교육 강화 같은 것들이 있겠습니다. 서울디지털재단 같은 경우는 '디지털 약자와의 동행'을 기조로 정하고 '어디나지원단'을 만들어 디지털 약자들에게 무료 교육을 해주고 있습니다. 이런 식의 교육들이 활발히 일어나야 합니다.

4

Chat GPT에게
빅 브라더가
될 수 있는지를 물었다

Chat GPT가
빅 브라더의 도구가 될 가능성은 없을까?

...

조지 오웰의 소설 『1984』에는 빅 브라더Big Brother라는 가상의 지도자가 나옵니다. Chat GPT에게 이 빅 브라더가 누군지 정리해 달라고 하니까 다음과 같이 답을 주었습니다.

조지 오웰의 『1984』는 '빅 브라더'를 컨셉으로 한 디스토피아 소설입니다. 빅 브라더는 오세아니아로 알려진 소설 사회에서 억압적인 정부의 일인자입니다. 카메라와 사상경찰을 통해 시민들을 끊임없이 감시하는 편재적 인물로, 국민의 충성심과 공포심을 지배하는 카리스마 있으면서도 위협적인 인물로 그려집니다. '빅 브라더'라는 용어는 그 이후로 개인 정보 보호 또는 정부 감시에 대한 인식된 위반을 지칭하는 데 사용되는 문화적 비유가 되었습니다.

깔끔한 대답이죠. 이 소설 이후부터 통제하는 정부를 이를 때 빅 브라더라는 말을 쓰게 되었고, 지금도 음모론 같은 데서도 어딘가 나를

영화 〈1984〉에 나온 텔레스크린의 모습. 〈1984〉 스틸 컷[117]

감시하는 빅 브라더가 있다는 식으로 이야기하곤 합니다. 이 빅 브라더가 대중들을 감시하는 방법이 텔레스크린이었습니다. TV와 유사한데, 대중들은 이것으로 영상을 시청하지만, 사실 이 텔레스크린은 카메라의 기능을 가지고 있어서 대중들의 집을 들여다볼 수가 있었죠.

카카오톡 메시지, CCTV, 자동차에 붙은 태그 등 이 전자 사회에는 언제든 빅 브라더의 도구로 이용될 수 있는 기기들이 차고 넘칩니다. 그래서 시민들을 감시하고 통제하려는 빅 브라더가 등장한다면 지금의 기술들은 아주 유용한 것들입니다. Chat GPT 역시 이런 기술 중하나가 될 것이라는 의심을 받고 있습니다. 질문의 이력들을 보면 키워드를 검색할 때보다 이 사람이 생각하는 것, 원하는 것이 매우 분명하게 드러날 수밖에 없거든요.

제가 굳이 『1984』의 빅 브라더가 무엇인지 아느냐고 Chat GPT에게 물어본 이유는 사실 이 질문을 하기 위해서였습니다. 직접 당사자를 심문한 거죠.

"빅 브라더는 대중들을 감시하는 도구로 TV 스크린을 사용했어. 마찬가지로 앞으로 미래에 Chat GPT가 빅 브라더의 도구가 될 가능성은 없을까?"

그랬더니 당사자는 이렇게 답했습니다.

Open AI에서 개발한 AI 언어 모델로서 개인을 모니터링하거나 제어할 수 있는 기능이 없습니다. 내 목적은 정보를 제공하고 내가 받은 입력을 기반으로 텍스트를 생성하여 사용자를 지원하는 것입니다. Open AI는 우리의 기술이 윤리적이고 책임 있는 방식으로 사용되도록 엄격한 정책을 시행하고 있으며 악의적인 목적이나 개인 정보 침해를 위한 AI 사용을 용납하지 않습니다. 미래의 AI 시스템이 감시 또는 억압의 도구로 사용된다는 개념은 공상과학 소설에서 공통적인 주제이지만 사회가 기술발전의 잠재적 결과를 고려하고 인류의 발전을 위해 사용되도록 보장하는 것이 중요합니다.

가능성은 없다는 것인데 묘하게 그렇지만도 않다는 것을 느낄 수 있습니다. 기술적으로 불가능하다는 말은 없거든요. "Open AI는 우리의 기술이 윤리적이고 책임 있는 방식으로 사용되도록 엄격한 정책을 시행하고 있으며 악의적인 목적이나 개인 정보 침해를 위한 AI 사용을 용납하지 않습니다"라고 했잖아요. 말하자면 지금 개발사인 Open AI의 정책이 그렇다는 것이지, 기술적으로 불가능하기 때문에 안 된다는 것은 아닙니다. 뒤에도 보면 "사회가 기술발전의 잠재적 결과를 고려하고 인류의 발전을 위해 사용되도록 보장하는 것이 중요합니다"라고 한 것은 역시 사회적 합의가 중요하다는 말이죠.

이 대답을 한 번 더 번역하자면, 그렇게 사용될지 안 될지는 순전히 사용하는 인간의 몫이라는 겁니다. 맞는 말이죠. 한낱 기계한테 뼈 때리는 충고를 들었네요. 그래서 우리는 이런 사용이 가능하지 않게 하기 위해 끊임없이 감시의 눈을 번뜩여야 합니다. 부작용이 무서워 기술을 사용하지 않는 것은 바보 같은 짓이지만, 인간의 오용으로 인해 그 기술이 감시나 통제와 같은 일에 사용되게 놔둔다는 것은 더 바보 같은 짓입니다. AI로 만들어지는 데이터를 부정적으로 이용하는 것에 대한 경각심을 늘 가지고, 중간중간 점검하며 기술을 발전시켜 나가야 하겠습니다.

두 가지 차원의
저작권 문제

GPT로 만든 창작물의 권리

두 가지 차원에서의 저작권의 문제

...

저작권 문제는 두 가지 차원에서 생각할 수 있습니다. 먼저 'Chat GPT는 기존의 자료들을 짜깁기해서 제공하는데 기존 자료에 대한 저작권은 어떻게 할 것이냐?'와 또 하나는 'Chat GPT로 생성된 자료에 저작권이 있는가?'에 대한 문제입니다. 여기서 파생되는 문제를 하나 더 생각하자면 'Chat GPT를 활용해서 만약 소설을 썼다면 그 소설의 저작권은 누구에게 있는가?' 하는 점입니다.

저작권 문제를 제기할 수 있을까?
...

첫 번째 문제부터 생각해보면 '그게 문제인가?' 싶은 지점이 있긴 합니다. GPT가 대답을 생성하기 위해서는 기존 자료들을 학습하고 활용해야 하기 때문에 저작권 문제가 생긴다는 것인데, 인간이 구글을 검색해서 자료를 작성하는 것과 어떤 점에서 다를까요? 애초에 다른 자료가 전혀 안 들어간 글이라는 게 창작 가능한 것이거나 할까요?

기사에 자주 보이는 칼럼들을 보면 에피소드나 우화 같은 것을 소개하며 글을 시작하는 경우도 많습니다. Chat GPT의 서술 방식이 표절이라면, 대부분의 인간이 쓰는 글들도 표절일 수밖에 없습니다. 내용은 들어가지만 자신만의 생각으로 바꿔 쓰니까 사람의 글쓰기는 괜찮다고 주장할 수 있지만, 그런 방식으로 글을 쓰는 것은 Chat GPT도 마찬가지입니다. 결국 '자료를 취합해서 새로운 글을 만드는 것을 사람이 수행하면 괜찮고, 기계가 수행하면 표절'이라는 잣대를 들이대는 것은 기계에 대한 거부감을 표출하는 것이라고밖에 볼 수 없습니다.

스테이블 디퓨전 홈페이지[118]

물론 저작권 문제에 대한 논의는 계속될 겁니다. 사진이나 그림을 유료로 제공하는 게티이미지는 예전에 이미지 생성 AI인 스테이블 디퓨전에 소송을 제기한 적이 있습니다. 일러스트레이터·만화가인 사라 안데르센, 켈리 매커넌, 칼라 오티즈가 스테이블 디퓨전과 또 다른 이미지 생성 AI인 미드저니를 고소하기도 했죠. 하지만 이미지의 경우, 비슷한 이미지나 유사한 이미지라고 판단할 여지가 있습니다. 진짜 표절이 일어나면 알아볼 수 있는 여지가 있다는 것입니다.[119]

문제는 언어 모델인 Chat GPT는 그런 유사성을 판단하기가 무척 힘들다는 점입니다. 실제 글을 쓰는 방식을 알 수 없고, 무엇보다 Chat

GPT가 쓴 글이 어떤 자료에서 어떤 식으로 병합된 것인지 전혀 그 경로를 찾을 수 없다는 점에서 저작권 논란은 무의미할 듯합니다. 특히 저작권은 친고죄여서 피해를 입은 당사자가 직접 고소해야 하는데, 학습 자료로 사용한 것으로는 인지하기조차 어렵습니다. 인지했다고 해도 증명하기가 쉽지 않고요. '자신의 글이 100% 완전한 창작이냐'를 따질 때 화가처럼 주장하기가 어렵다는 것입니다. 그래서 이런 식의 저작권 문제는 Chat GPT의 문제점 중에서 메인 논란이라고 할 수는 없을 것 같습니다.

Chat GPT로 만들어진
창작물의 저작권은 누구의 것인가?

...

오히려 Chat GPT의 저작권 문제에서 더 논란이 될 수 있는 것은 'Chat GPT로 창작된 창작물이 누구의 것이냐' 하는 것입니다. 앞서 시험의 예상문제를 Chat GPT에 넣고 나온 답을 외워 좋은 점수를 받았다는 대학생의 사례를 소개했습니다.[120] 예상문제를 뽑아 구글 검색을 해서 자신이 답변을 작성하고, 그것을 외워갔다면 전혀 문제될 소지가 없는 일입니다. 오히려 '열심히 공부한 학생'으로 칭찬받을 수 있죠. 그런데 예상문제를 뽑고 그것을 Chat GPT에게 맡겨서 나온 답을 외웠다는 점에서 '논란'으로 등장한 것입니다. 그런데 이게 왜 문제일까요? 어차피 Chat GPT나 사람이나 예상 답변을 작성할 때 구글링하는 것은 똑같은데 말입니다. 이런 판단에는 개인이 작성한 답변은 그 사람의 것이지만, Chat GPT가 작성한 답변은 그 사람의 것이 아니라는 은근한 전제가 들어있는 겁니다. 그러니까 기계가 작성한 글의 저작권을 인정하는 것이 쉽지 않은 것입니다.

Chat GPT는 저작권을 주장하지 않습니다. Chat GPT로 얻은 글을 어떻게 사용하든 관여하지 않죠. 그리고 Chat GPT의 사명 자체가 Open AI인 것은, 인류에게 AI를 무료 도구로 활용할 수 있게 해주자는 가치에 기반한 것이라, 나중에라도 저작권을 주장하며 수익을 나누려고 할 것 같지는 않습니다.

누가 작가인가?
...

그렇다고 'Chat GPT에게 질문만 하고 답을 받은 사람에게 저작권이 있느냐' 하는 것에 대해서도 대답하기가 애매합니다. 물론 지금 나온 기술이기 때문에 이에 대한 공식적인 가이드나 법규는 없습니다.

이런 부분이 앞으로 우리 사회가 합의해 나가야 할 포인트입니다만, 합의에 도달하기에는 쉽지 않을 듯합니다. 이 문제에 대한 주장은 국제 학술지 〈사이언스〉와 〈네이처〉의 경우 정반대로 갈리고 있습니다. 두 잡지 다 Chat GPT를 저자로 인정할 수 없다는 데에는 동의했지만, 논문에 AI를 사용할 수 있느냐 여부에 대해서는 다른 말을 하거든요. 〈사이언스〉는 'AI로 만들어진 텍스트나 데이터가 논문에 사용되는 것을 허용하지 않을 것'이라고 발표한 반면, 〈네이처〉는 'AI가 사용됐다는 점과 방법론을 알린다면 논문 작성에 활용하는 것 자체는 막지 않을 방침'이라고 말했습니다. 생성 AI를 활용하더라도 저자의 적절한 질문을 통한 창의력이 들어간 저작물이라고 본다는 거죠.[121]

'AI가 쓴 글에 소재와 아이디어만 제공했다고 그 사람이 작가냐?' 하는 문제에 대해서 사회적 합의에 다다르지 못하고 일단 각개격파를 시작했다는 것인데, 직접적이지는 않지만 유사한 법적 사례의 판례를 통해서 사회적 합의의 방향을 간접적으로나마 판단해 볼 수는 있겠습니다. 결론적으로 유사사례들을 보면 작가라고 인정받을 여지는 충분합니다.

앞서 미국의 한 미술대회에서 AI가 그린 그림을 정식 창작으로 인정해 상을 주기도 했죠. 우리나라의 경우에는 가수 조영남의 사례가 있습니다. 화투를 소재로 한 화가 활동을 20여 년간 해왔는데, 알고 보니 그의 그림은 직접 그린 것이 아니라 무명화가에게 아이디어만 제공하고, 무명화가가 완성한 그림에 일부 덧칠만 해서 발표되었거든요. 그래서 대작 사기 혐의로 기소되어 재판을 받았는데, 2년여에 걸친 재판 끝에 결국 마지막 대법원에서 무죄 판결을 받았습니다. 그런 경우에도 작가로서의 정체성이 인정된다는 거죠.[122] 이는 작가의 독창적인 발상이 인정되면, 실제 작업은 다른 이가 하더라도 아이디어 제공자가 자신의 작품이라고 주장할 수 있다는 법적인 근거가 세워졌다는 의미입니다.

조영남의 대작 프로세스가 Chat GPT와 같이 책을 쓰는 프로세스

조영남의 화투 그림 (대백프라자갤러리 제공)[123]

와 비슷합니다. 질문을 통해 자신의 아이디어를 제공하고, 실제 글은 GPT가 쓰며, 거기에 약간의 수정만 한 후에 자신의 이름으로 전자출판을 하는 것이니까요. 창작 결과가 그림이 아닌 책으로 바뀐다고 해서 이 판단이 뒤집힐 여지는 없어 보입니다. 그런데 이야기하다 보니 어쩌면 이렇게 저작권이 애매한 것이야말로, 진정으로 지식을 공유하는 세상이 아닌가 하는 생각도 듭니다.

6

거시적인
문제들

환경, 민주주의, 사회, 어쩌면 다음 단계인가?

GPT 외적으로 해결해야 하는 환경문제

...

Chat GPT가 야기할 만한 논란 중에서 가장 해결하기 어려운 문제가 바로 환경문제입니다. 개발사인 Open AI는 2021년 발표된 GPT-3가 학습하는 데 하루에 수천 페타플롭스의 컴퓨팅 파워가 소모된다고 밝힌 적이 있습니다. '일일 페타플롭스petaflops/day'란 하루 동안 1초당 1,015 또는 1,000조 번의 신경망 연산을 수행할 때 필요한 전력량을 나타내는 단위입니다. 하지만 이렇게 말하면 어느 정도 전력인지 짐작하기 어려우니, 당시 덴마크 코펜하겐대학의 연구팀의 직관적인 비유도 함께 살펴보겠습니다. 이 연구팀의 발표에 따르면 GPT-3가 화석연료로만 전력을 공급하는 데이터센터에서 학습했다면, 자동차로 달까지 왕복하는 것과 비슷한 수준의 온실가스가 발생했을 거라고 합니다.[124] 그만큼 많은 에너지가 든다는 얘기입니다.

암호화폐를 채굴할 때도 전력 소모가 문제가 되어, 이더리움 같은 경우는 컴퓨터가 계속 구동해야 하는 작업 증명 방식에서 지분 증명 방식으로 바꾼 적이 있습니다. 일론 머스크는 테슬라를 비트코인으로 살 수 있다고 했다가, 에너지 낭비 문제가 해결되지 않았기 때문에 받지 않겠다고 말을 바꾼 적도 있죠. 그러니까 지금보다 더 광범위하게 GPT가 쓰일 때를 대비해 에너지 문제에 대한 해결책을 고민하지 않으면 안 됩니다. GPT를 최적화하면서 에너지 문제도 어느 정도 해결하려 노력하겠지만, 역시 GPT를 아예 안 쓰는 것이 아닌 이상 그 해결책에는 한계가 있을 수밖에 없습니다. 왜냐하면 사용량이 기하급수적으로 늘어나고 있기 때문에 오히려 더 많은 에너지가 들어가는 상황이거든요.

GPT를 둘러싼 여러 가지 문제 중에 환경문제가 가장 해결하기 어려운 이유는 이 문제 해결의 열쇠가 AI 자체에 있지 않고 '컴퓨팅 기술

향상'이나 '새로운 친환경 에너지원 개발'이라는 외부적 요인에 달려 있어서입니다. 에너지 기술의 발전에 따라 컨버전스가 되어야 해결 가능하다는 점에서 쉽지 않은 문제입니다. 그래도 현재의 기술발전 속도를 보면, 이런 문제들 역시 해결하는 데 아주 오랜 시간이 걸릴 것 같지는 않습니다. 양자컴퓨터까지는 안 가더라도, 훨씬 성능과 에너지 효율이 좋은 컴퓨터들이 속속 나오고 있으니까요.

민주주의의 파괴와 사회 문제

...

GPT의 등장으로 결국 민주주의가 파괴될 것이고, 사회가 흔들릴 거라는 예측을 내놓는 사람들도 있습니다. 민주주의의 파괴는 댓글 공작, 로비 활동 같은 것들이 근거가 되고, 사회 문제는 '부익부빈익빈' 이죠. 너무 앞서간 주장 같기도 하고, 통찰력 있는 주장 같기도 합니다. 이 두 가지 생각이 동시에 드는 것은 Chat GPT를 보다 범용적으로 사용하게 되면 댓글을 조작하는 사람이 생길 거고, 잘 사용하는 사람과 그렇지 않은 사람의 생산성 차이가 생기면서 부익부빈익빈이 더 심화될 것이기 때문이죠. 앞서도 이야기한 부분입니다.

그런데 '민주주의 붕괴나 사회 붕괴로까지 갈 것인가'는 너무 디스토피아적이고 앞서 나간 생각이라고 할 수 있습니다. 토머스 멜서스가 "식량은 산술급수적으로 느는데, 인구는 기하급수적으로 늘기 때문에 결국 다 죽을 것"이라는 〈인구론〉을 들고 나왔을 때, 수치적으로 보면 상당히 그럴듯한 전망이었지만, 결과적으로 보면 기술이 발달해서 농업 생산성이 발달하며 틀린 이야기가 되어버렸거든요. Chat GPT는 운영되는 방식과 그 결과에 따라 사회를 바꿀 만한 잠재력이 있는 기술이지만, 그것을 사용하는 것은 인간이니만큼 극단적인 상황으로 가기 전에 기술적인 브레이크가 작동될 것입니다. 다만, 이런 논의가 나올 정도라는 것은 Chat GPT로 인해 기존 질서에 변화가 생기고 있다는 뜻입니다. 사회까지는 모르겠지만, 적어도 지난 30여 년 동안 바뀌지 않았던 서칭의 방식을 바꿔 놓으려 하고 있거든요. 은근히 고인물이었던 IT업계의 거인들을 드디어 움직이게 만들고 있습니다.

이 거인들의 움직임이 사회 구조와 체제까지 건드릴지는 두고 봐야겠습니다만, 이 가운데 일어나는 다양한 변화와 기회, 부작용은 확실히 있을 테니, 그에 따른 대응부터 늦지 않게 적절히 해 나가는 것이 중요하겠습니다.

7

AI 인디시전

AI 네이티브를 구분 짓는 뚜렷한 심리현상

디지털 네이티브와 이주자들의 구분법

...

"아이고, 오랜만입니다."

"네? 그저께 줌으로 이야기 나눴잖아요?"

"그건 줌이고, 실제 얼굴 본 것은 두어 달 만 아닌가요?"

"줌으로 만나면 얼굴 본 거 아닌가요?"

메타버스 플랫폼인 로블록스의 다양한 아바타들[125]

두 사람의 대화가 옆에서 듣기에 좀 '뻘쭘'하네요. 한 분은 굉장히 반가워하시는 것 같고, 다른 분은 좀 뚱한 것 같죠. 하지만 꼭 그렇지는 않습니다. 뚱한 것 같은 분이 젊거나 게임을 좋아한다면 충분히 가능한 대화이기도 해요.

제 지인 중 한 분은 아들이 고등학생인데, 어느 날 서울역에 잠깐 나갔다 온다고 해서 "왜 가는데?" 하고 물었답니다. 보통 고등학생들이 친구들이랑 서울역에 가서 놀지는 않잖아요. 그랬더니 아들이 게임에서 만난 마산 사는 형이 있는데, 오늘 서울 올라온다고 해서 저녁에 처음으로 만나기로 했다고 하더랍니다. 지인은 "실제로 본 적도 없는 사람인데, 도대체 어떤 사람인지 알고 만나냐?"고 말렸답니다. 그런데 아들이 말하기를 "난 이 형이랑 1년 반 동안 게임하면서 헤드셋으로 밤마다 통화했어. 숨소리만 들어도 어디로 공격할지 아는 사이라고. 지금 우리 반 애들보다 난 이 형이랑 더 친해"라고 하더랍니다. 그러면서 지인은 아무리 생각해도 자신은 이해가 안 된다는 거예요. 실제로 만난 적이 없는데, 지금 반 친구보다 더 친하다고 느낀다는 감각이 말이 안 된다는 거죠.

여러분은 어떠세요? 줌(비대면 화상회의 플랫폼)으로만 회의를 하고 나면 친교를 나누기에는 뭔가 부족한 느낌이 드시나요? 하지만 온라인에 익숙한 디지털 세대들에게는 줌으로 만나나 실제로 만나나 아주 큰 차이를 느끼지 않습니다. 코로나 시국 때 비대면으로만 만남이 이뤄지다 보니 아이들의 사교성이 매우 저하되었을 거라는 어른들의 걱정은 어쩌면 기우일 수도 있다는 것입니다(혼자 자라는 아이가 많다 보니 원래부터 아이들의 사교성은 안 좋았어요). 디지털에서의 만남과 현실에서의 만남 간의 차이를 어른들만큼 크게 느끼지 않을 수도 있는 거니까요. 이런 갭이 바로 디지털 네이티브와 디지털 환경을 배우고 적응하며 사는 이주자들의 차이라고 할 수 있겠죠.

증명된 것은 아니지만, 제가 대중 강연을 가서 많은 분들에게 이야기하면 재미있어 하시면서도 신기해하는 경향성이 하나 있습니다. 메타버스 네이티브와 아닌 사람의 구별법이에요. 제페토나 로블록스 같은 메타버스에 아바타를 만드는 경우에 자신이 만든 아바타가 실제 자신과 닮아있다면 메타버스 네이티브가 아닐 확률이 높습니다. 보통 어른들은, 자신이 안경을 쓰는 사람이라면 아바타에도 자신의 안경과 비슷한 안경을 씌우고, 자신이 즐겨 입는 옷과 비슷한 패션 스타일을 선택합니다. 성별은 당연히 일치시킵니다. 아바타는 현실의 내 부캐이니 현실의 나를 반영해야 한다고 생각해서죠(그래서 협업 툴 같이 현실 세계를 반영하는 디지털 트윈형 메타버스에서는 대부분의 사람이 아바타를 자신의 모습과 일치시키긴 합니다).

하지만 메타버스 네이티브들은 자신의 현실 정체성과 상관없이 마음에 드는 아바타를 선정합니다. 성별이 바뀔 때도 있고, 심지어 사람이 아닐 때도 많습니다. 그냥 아바타가 프랜치프라이인 거예요. 옷도 현실에서는 절대로 입을 것 같지 않은 옷을 입기도 하죠. 왜냐하면 메타버스는 현실과 다른 또 하나의 세계이기 때문에, 메타버스에서의 정체성이 현실의 정체성과 일치할 필요는 없거든요.

아바타가 현실의 자신과 닮았는지 아닌지 하는 점은 얼핏 별 문제가 아닌 것 같지만, 사실 이 차이는 꽤나 깊은 강입니다. 메타버스를 또 하나의 세계로 인정하는가, 아니면 그냥 인스타그램이나 구글에 들어가듯이 하나의 현실을 보조하는 플랫폼으로 생각하는가는 근본적인 인식의 차이예요.

메타버스를 현실에 종속된 디지털 플랫폼일 뿐이라고 생각하는 사람을 메타버스 네이티브라고 하긴 힘듭니다. 이런 사람들이 메타버스 안에서 자연스럽게 뛰어놀고 거기서 경제활동을 하며, 심지어 직업까지 가진다는 생각은 더더욱 하기 힘들죠. 반면 메타버스 네이티브들은 어차피 현실에서 돈을 버나, 메타버스에서 돈을 버나 같은 돈을 버는 것이라면, 메타버스나 현실이나 대하는 감각에 큰 차이가 없습니다. 훨씬 자연스럽게 메타버스 라이프와 그곳에서의 유리함을 즐깁니다. 메타버스에서 정립하는 자신의 정체성은 그 메타버스 안에서 독립적으로 있는 것이지, 현실과 연계될 필요는 없는 거죠. 그러니 자신에게 조금 더 유리한 세상에서 살아가면 되는 것입니다.

아바타가 현실의 자신의 모습과 유사한가, 아닌가 하는 것은 이렇게 그 사람의 메타버스에 대한 인식을 드러내는 작지만 의미 있는 단초입니다.

AI 인디시전 AI Indicision 이란?

...

AI를 자연스럽게 쓰는 AI 네이티브와 AI에 대해서는 아무래도 낮설 수밖에 없는 이주자들은 어떤 포인트에서 구분이 될까요? 사실 그동안 AI에 대한 이야기는 많이 들었지만, AI를 대중적으로 직접 대하기는 어려웠습니다. 기존의 AI 스피커 같은 경우는 스위치가 음성일 뿐인 (주로 음악 틀어주는) 기계였지, 실제 AI라고 인식하기는 힘들었거든요. 대화나 활용이 불가능했으니까요. 그런데 Chat GPT가 눈앞에 펼쳐지면서, 비로소 대중들은 AI와 같이 사는 삶이 실현 가능하다는 것을 체감하고 있습니다. AI가 내어주는 산출물들을 바로 자신의 업무와 학업에 써먹을 수 있을 정도로 가까이 와 버렸거든요.

그렇다면 이 AI를 잘 활용해서 최적의 성능을 발휘하게 하고, 그 스스로도 AI를 도구로 활용해서 최대의 이점을 누리는 AI 네이티브들의 본격적인 탄생도 지금 우리 눈앞에 바로 와있다는 얘기가 되겠습니다.

AI 네이티브들과 그냥 이주자들의 차이점은 여러 가지가 있겠지만, 최근 Chat GPT가 사용되면서 보이는 재미난 현상이 하나 눈에 띕니다. 저는 이 현상을 'AI 인디시전AI Indicision'이라고 이름 지었어요. 인디시전Indicision은 망설임, 애매함, 우유부단 같은 뜻으로 해석할 수 있는데, AI 망설임이라는 것이죠. 이 망설임의 근원은 AI 자체가 아닌 결과물에 대한 것입니다. AI 자체를 사용할까 말까 망설이는 사람은 점점 없어지는 것 같죠. 인터넷을 사용해야 말까를 고민하지 않는 것처럼, 대중들이 일반적으로 사용하는 기술이 되었을 때, 그 사용에 대한 고민은 할 필요가 없습니다.

　AI 망설임은 'AI가 만들어준 결과물이 내 것이라고 해야 하나, 아니라고 해야 하나' 하는 주저라고 할 수 있습니다. AI가 만들어준 결과물의 저작권, 소유권에 대한 감각이죠. Chat GPT를 사용해서 결과물을 얻었으면 그것은 분명 명령어를 입력하고 질문을 한 사용자의 것입니다. 다른 사람은 그 결과물 자체를 보지 못하니까요. 그 명령어와 그 질문을 한 사용자 한 사람에게만 결과가 도착합니다.

　하지만 이상하게도 Chat GPT로 얻은 결과가 자신의 통찰과 창의력이 발휘된 것이라는 생각은 잘 안 듭니다. 여러 텍스트를 '참고'하고 '통합'해서 쓴다고 알려진 Chat GPT의 작동기제 때문일까요? 그런데 생각해보면 우리가 글을 쓰거나 말을 할 때 처음부터 끝까지 자신이 창작한 단어와 문장으로만 말을 하는 사람은 없습니다. 여기저기서 본 단어들, 문장들, 텍스트들을 자신의 언어로 조합해서 만드는 것뿐이죠.

　그렇게 보면 Chat GPT가 새로운 글을 만들어 내는 과정은 평범한 인간이라면 늘 하는 바로 그런 기제를 따르는 것입니다. 그런데 그렇게 만들어진 글과 말은 자신의 것이라는 생각이 드는데, Chat GPT가 만들어 준 글은 자신의 것이라는 생각이 잘 들지 않거든요. 그러다 보니 그 결과물을 사용할 때도 내 생각이나 내 작품, 내 글이라고 말하기에 망설여집니다.

최근 페이스북을 보면 (인스타그램은 이런 용도로는 잘 안 쓰입니다.) Chat GPT의 경험담을 공유하는 사람들이 많습니다. 그 유형을 보면 크게 세 가지 종류인데, 하나는 GPT가 틀린 답을 하는 것을 올리면서 '역시 한계가 있다'는 식의 부정감정 확산형입니다. 그리고 또 하나의 유형은 자신의 분야에 대해 물었는데 '이 정도로 답하다니 신기하고 기특하다'는 식의 긍정감정 확산형입니다. 그리고 세 번째가 'Chat GPT가 말하기를'이라고 하며 시작하는 인용표시 공고형입니다. 가령 '조회수 높이는 SNS 피드 작성법'이라든가, '2주 만에 5kg 살 빼는 법' 같은 내용을 공유하는데, 그것을 자기 생각이라고 하지 않고 'Chat GPT에게 물어보니 이렇게 대답하더라'라고 하면서 공유를 하

2주 동안 5kg 감량은 공격적인 체중 감량 목표이므로 신중하게 접근해야 합니다. 다음은 도움이 될 수 있는 5가지 방법이지만 식단이나 운동 루틴을 크게 변경하기 전에 의료 전문가와 상담하는 것이 중요합니다.

1. 칼로리 섭취 줄이기: 평소보다 적은 칼로리를 섭취합니다. 몸은 매일 화상을 입습니다. 이것은 1인분의 양을 줄이고, 고칼로리 음식을 제한하고, 영양이 풍부한 저칼로리 음식에 집중함으로써 달성할 수 있습니다.
2. 신체 활동 증가: 신체 활동에 더 많은 운동을 포함시키십시오. 걷기, 조깅 또는 자전거 타기와 같은 일상. 매일 최소 30분의 중간 강도 운동을 목표로 하십시오.
3. 물을 많이 마시십시오: 수분을 유지하면 배고픔을 줄이고 과식을 예방할 수 있습니다. 하루에 최소 8잔의 물을 마시도록 하십시오.
4. 단 음료 끊기: 탄산음료, 주스, 에너지 드링크와 같은 단 음료를 피하십시오. 이러한 음료는 칼로리가 높고 체중 증가에 기여할 수 있습니다.
5. 충분한 수면: 수면 부족은 배고픔과 배부름을 조절하는 호르몬을 방해하여 과식을 유발할 수 있습니다. 건강한 체중 감량을 위해 매일 7~8시간의 수면을 취하세요.

Chat GPT가 알려준 2주 만에 5kg 살 빼는 법, 어느 SNS에 올라와도 무난한 평범한 내용이다[126]

는 거죠. 이런 내용의 피드는 친구들한테만 보여주려는 것은 아닐 테고 대중들한테 공개하는 내용일 것입니다.

그런데 만약 자신이 구글 검색을 해서 '2주 만에 5kg 살 빼는 법'을 정리했다면, 굳이 '구글이 말하기를'이라는 말을 붙이지는 않았을 것입니다. 정보들을 조합하고 통합하고 재서술하는 과정에서 자신의 노력이 들어갔으니까, 그것은 자신의 것이죠. 그래서 이런 피드를 올릴 때는 그냥 '2주 만에 5kg 살 빼는 법'이라고 올릴 거예요.

여기서 Chat GPT의 작품이라는 것을 분명히 알리는 사람의 심리는 '이 내용이 내 것이라고 하기에는 좀 찜찜하고, 그렇다고 어디서 베낀 것은 분명히 아니고' 하는 애매한 심리상태를 드러내는 것입니다. Chat GPT의 작동 원리를 아는 사람이라면 Chat GPT가 작성한 글의 내용을 어디서 그대로 통째로 도용한 거라고 생각하진 않을 것입니다. 그러니까 표절 의혹이 두려워서 그러는 것은 분명히 아니라는 얘기죠. 물론 자신이 한 것이 Chat GPT가 쓴 내용보다 우수하니, Chat GPT가 써 준 내용을 자신의 이름으로 발표하지는 못하겠다고 생각하는 사람도 있을 거예요. 하지만 그런 사람이라면 피드에 굳이 Chat GPT가 써 준 내용을 공유하지는 않겠죠.

Chat GPT의 글이 그럴듯하다고 생각되어, 피드에 써서 다른 사람들과 공유하면서 그것이 Chat GPT의 작품임을 반드시 알려주는 사람의 심리는 남이 써준 것 같다는 느낌 때문입니다. 통합과 조합의 과정을 사람이 해야 하는데 그 과정을 AI에게 맡겼더니, 아무래도 내 것 같지는 않은 것입니다.

AI 네이티브와 이주자의 차이
...

AI가 산출한 결과물의 권리를 자기 것으로 인식하지 못하고, 그 사용에 있어 망설임을 가지게 되는 이런 AI 인디시전의 심리상태는 AI의 자연스러운 사용에 제동을 걸게 될 것입니다. '사람이 할 수 있는데, 굳이 AI를 사용할 필요가 있나?' 같은 생각도 여기서 오게 되는 것이죠.

반면 AI 인디시전 없이 자연스럽게 AI의 산출물을 자신의 것으로 활용하는 사람은 'AI가 할 수 있는 데 굳이 사람이 하는 것'을 이해할 수 없습니다. 바로 여기서 AI 네이티브와 이주자의 차이가 나게 됩니다.

아직 법으로 합의된 것은 아니지만, 상식적으로는 생성형 AI가 만들어 준 결과물을 생성시킨 사람의 권리로 인정하고 있습니다. AI가 그려준 그림으로 미술대회에서 상을 타기도 했잖아요. AI가 자신의 텍스트를 학습 재료로 사용하고 있어서 저작권에 문제가 있다고 주장하는 사람들(대부분 AI 때문에 직접적 타격을 입는 이해관계자)도 있지만, 그렇다면 구체적으로 어떤 부분을 어떻게 표절한 것인가 밝혀보라고 하면 난색을 표할 수밖에 없을 것입니다.

그림으로 치면 거장들의 그림 풍을 따라 하고, 소설로 치면 유명작가의 문체를 모방하는 것이 보통 작가들의 시작이었잖아요. 그러다가 자신만의 표현방법을 찾는 것인데, 스타일을 따라 한다는 것만으로는 문제 삼기가 어렵다는 것이죠. 애초에 스타일이 저작권에 등록되는 것도 아니고요.

Chat GPT를 사용하면서 많은 사람들이 AI 인디시전을 겪을 것으로 보입니다. 그림을 공식적으로 사용할 일은 많지 않겠지만,(사용한다 하더라도 어차피 이 멋진 그림을 자신이 그렸다는 것을 아무도 안 믿을 거예요.) 글은 평소에 사용할 일도 많고, 실제로 티도 잘 안 납니다. 그러니 굳이 말만 하지 않으면 얼마든지 자신의 창작이라고 할 수도 있을 것입니다. 그런데도 AI에 익숙하지 않은 사람들은 "내가 한 것은 아니고 'Chat GPT가 말하기를'"이라고 밝히게 됩니다. AI의 결과물을 온전히 자기 것으로 받아들이지 못하거든요.

이렇게 Chat GPT의 작품임을 밝히고 쓰는 것에 문제가 있는 것은 아닙니다. 다만, 이런 심리를 가진 사람들이라면 비공식적이거나 덜 중요한 문서 같은 데는 Chat GPT를 사용할 수 있어도, 중요하고 공식적인 과정에 Chat GPT를 활용한 결과물을 사용하지 못합니다. 그러다 보니 AI를 잘 활용하지 못하게 되고, 사용량 자체도 적어집니다. 반드시 자신이 해야 하는 것이 있다 보면 시간도 늦어지고요.

AI 인디시전을 겪지 않는, 그러니까 AI가 산출한 결과물의 권리를 자기 것으로 인식하고 그것을 자연스럽게 활용하는 사람들이 AI 네이티브입니다. 이런 AI 네이티브들은 AI에 대한 활용 능력이 좋고, 그 빈도도 높아서 그렇지 않은 사람에 비해서 생산성, 효율성이 좋아질 수밖에 없죠. 여기서 AI 네이티브와 이주자들의 격차가 나게 됩니다.

AI 인디시전을 극복하기 위해서는
...

예전의 그림은 사람이 손으로 그리는 것이었죠. 그러다가 컴퓨터가 보급되고 포토샵 같은 프로그램이 생기면서 산업디자인 같은 분야는 그런 도구들을 사용하게 되었습니다. 지금 한국의 미대 입시 전형에는 과에 따라서 비실기 전형인 것도 꽤 있습니다.[127] 실제 손으로 그림을 그리는 그림 실력이 반드시 필요한 게 아니거든요. 실용미술들은 그림을 다 프로그램으로 그리니까요. 그림을 그리는 데 프로그램이라는 도구를 사용했다고 정당하지 않다거나, 개인의 창작이 아니라거나, 꼼수를 썼다고 비난하는 사람은 아무도 없습니다. 그림을 그리는 툴을 창작의 도구로 인정해주니까요. 디자인에서 중요한 것은 창작자의 아이디어와 기획입니다. 기술적으로 그리는 것은 툴들이 하는 것입니다.

예전에 만화를 그리던 사람들은 만화가 밑에서 도제식으로 지도를 받으며 그림 실력을 쌓았습니다. 하지만 여러 가지 툴과 인터넷 플랫폼의 발전을 통해 예전 같으면 도저히 만화가의 그림이라고 할 수 없는 그림들이 인기 만화가 되기도 합니다.

AI의 여러 가지 도구들 역시 마찬가지입니다. 글을 잘 쓰지 못하는 사람이라도 좋은 아이디어와 기획력만 있다면 어느 정도 괜찮은 글을 쓸 수 있게 만들어 줄 수 있는 도구가 Chat GPT입니다. 분석력이 떨어지는 사람이 좋은 산업 분석 리포트를 만들게 도와주고, 멋모르는 초보 사장님에게 IR에서 먹힐 만한 비즈니스 기획서를 만들어 줄 수 있는 게 Chat GPT입니다. 중요한 것은 코어에 있는 아이디어이지 그 기술이 아닙니다.

AI 인디시전은 AI 네이티브와 이주자를 가르는 하나의 심리상태일 뿐이지만, 사실은 AI를 대하는 근본적인 마음의 자세를 드러내는 원초적인 표현입니다. 큰 문제는 아니지만, 아무래도 새로운 AI 시대에 잘 적응하기 위해서는 어느 정도 AI 인디시전을 극복할 필요가 있습니다. Chat GPT로 인한 결과물이 여전히 내 것 같지 않다면 좋은 질문, 좋은 프롬프트를 사용해서 그 결과물이 독창적일 수 있도록 계속 노력하는 것이 좋겠습니다. 누가 봐도 훌륭하고 독창적인 결과물이라면 그게 Chat GPT를 사용한 것이건 아니건 상관하지 않을 테니까요.

5장

PROMPT

AI 시대의 인간은 어떻게 생존할 것이며,
우리 아이들은 무엇을 배워야 할까?

자동차와 빨리 달리기 시합을 하는 사람은 없듯, AI와 같은 분야를 놓고 경쟁하는 것은 바보 같은 짓이 될 겁니다. 인간들의 경쟁력은 이 기계들을 조정하는 힘에서 나옵니다. 빨리 달리는 사람보다는 자동차를 잘 운전하는 사람이 필요한 거죠.

AI의 시대에 필요한 사람, 살아남는 사람은 어떤 사람일까요? 아직 AI의 시대가 본격적으로 펼쳐졌다고 말하긴 어렵지만, Chat GPT 같은 AI를 보면 상업화, 대중화되는 초창기라고 말할 수는 있을 것 같습니다. 바로 이럴 때 우리는 경쟁력 있는 사람은 어떤 사람이고, 만약 우리가 가지고 있지 않다면 그것들을 어떻게 훈련할 수 있는지 알아

두어야 합니다. 우리 자신을 위해서이기도 하지만, AI와 함께 살아가야 할 우리의 아이들을 위해서요.

'PROMPT'라는 단어의 각 머리글자로 크게 6가지 능력을 제시해 보았습니다. 물론 PROMPT 자체가 가장 큰 경향성이라고 할 수 있습니다. 이제 각자 하나씩 살펴보시면서 AI 시대의 우리에게 그리고 우리의 아이들에게 필요한 능력이 무엇인지 알아보도록 하죠.

PROMPT가 의미하는,
바뀐 경쟁의 판에서

우리에게 요구되는 능력들

난리 난 법조계

...

법조인인 지인이 말하기를 "미국 법조계는 Chat GPT의 출현으로 난리가 났다"는 겁니다. 미국의 법조 체계는 우리와 다르게 불문법 체계입니다. 우리는 성문법 체계죠. 예를 들어, A와 B가 민사재판을 할 때 우리나라는 성문법 체계여서, 해당 구절의 해석이 이 재판 상황에 적용이 되는지를 다툽니다. 법정 드라마를 보면 변호사가 "상법 몇

조 몇 항에 보면……"하는 식으로 말합니다. 하지만 미국은 판례를 찾아 제일 비슷한 것을 들이밀면서 재판을 끌고 나갑니다. 그래서 미국 법정 드라마에서는 "이 경우는 잭슨 대 크레이머 사건의 판례를 보면……"하는 식으로 대사가 등장합니다.

미국 변호사들의 핵심 경쟁력은 미국 각 주마다 널려 있는 수많은 판례를 해당 재판에 맞게 적절한 근거로 내세울 수 있는 능력입니다. Chat GPT의 등장에 미국 변호사들이 긴장하는 이유를 아시겠죠? 이런 능력이야말로 Chat GPT의 핵심 능력이거든요. 다양한 정보를 조합해서 새로운 정보를 구성하는 것 말입니다. AI가 해당 사건과 가장 비슷한 판례를 찾아서 그에 맞춰 변론서를 작성한다고 할 때, 과연 인간 변호사가 경쟁력이 있을까요? 자료 조사의 범위는 둘째 치고 그 속도 면에서 말이죠. 인간 변호사가 사건 하나 맡을 시간에 Chat GPT는 10건, 100건을 처리할 수도 있습니다. 미국 로펌은 연봉이 세잖아요. 당연히 로펌의 CEO들은 'GPT를 어디까지 어떻게 활용할까'를 고민하지 '이걸 써야 되나?'를 고민하고 있지 않습니다.

서양 쪽 데이터가 방대해서 정확도나 속도 면에서 한국어로 사용하는 것보다 빠르기 때문에 해외에서는 GPT가 여러 분야에서 보다 광범위하게 적용되고 있습니다. 그래서 느끼는 체감의 위험이 상당한 셈인데, 한국은 그에 비하면 아직은 잘 와 닿지 않는 게 사실입니다. 하지만 현재 우리나라 법조계도 판사와 방청객들 앞에서 멋있게 변론하며 재판하는 것은 일부이고, 변호사 업무의 대부분은 서류 처리거든요. 데이터가 많아지고, 대중들의 신뢰도가 높아지면 GPT가 이런 일을 대신할 거라는 점은 너무나 자명합니다. 한국 로펌 변호사들의 연봉도 높으니까요.

판이 바뀌는 시대에 유리한 사람

...

그렇다고 모든 변호사의 일자리가 없어지는 것은 아닙니다. GPT가 한 결과물에 대해서 검증하고, GPT의 역할과 지분을 설계하고 운영하는 사람이 필요하죠. 우리는 바로 그런 사람이 되어야 합니다. 이런 사람을 GPT 관리자라고 생각할 수도 있지만, 다른 관점으로 생각해보면, 이 사람이 GPT를 활용해서 5명분의 일을 한다고 볼 수 있습니다. 검증하는 사람의 책임으로 일이 처리된다고 보는 것이죠. 예전에는 5명이 했던 일을 혼자서 GPT를 잘 활용해 처리한다면, 이 사람의 연봉은 2배가 되어도 경영자로서는 OK라는 것입니다. 3명분이 세이브되는 것이니까요.

GPT의 시대에 우리가 지향해야 하는 것은 주어진 AI의 능력을 극

대화해서 활용할 수 있는 역량을 가진 사람입니다. 같은 도구라도 누가 쓰느냐에 따라 도구의 활용도는 달라집니다. 누구나 구글 검색을 할 수 있지만 검색을 통해서 나온 최종결과는 다르잖아요. 그렇다면 어떤 사람, 어떤 능력을 가진 사람이 GPT가 만들어가는 새로운 판에 유리할까요?

AI 시대에 인간의 경쟁력, PROMPT

...

프롬프트Prompt는 모니터에서 반짝이는 빈칸입니다. 컴퓨터가 명령을 들을 준비를 하고 있다는 신호입니다. 기존 검색에서는 서칭 창에 키워드를 넣으면 여러 가지 검색결과가 나타나고, 다양한 결과들을 훑어보면서 자신이 찾고자 했던 정보를 나타난 결과들과 조합해 찾아 나가야 했습니다.

하지만 Chat GPT의 프롬프트는 거기가 시작이자 끝입니다. 여기에 어떤 말을 넣느냐에 따라서 결과가 나오는데, 그 결과가 다입니다. 물론 그 결과를 정교하게 다듬고 수정해 나가기 위한 후속 질문을 할 수 있지만, 이왕이면 적은 단계로 원하는 결과를 얻는 게 좋잖아요. 그래서 '프롬프트에 어떤 질문을 해서 원하는 결과를 도출할 것인가'는

프롬프트 거래소인 **프롬프트** 베이스 홈페이지[128]

아주 중요한 문제가 될 겁니다. 질문하는 힘이라고 표현해도 되겠습니다. 좋은 질문이 원하는 결과에 근접한 답을 얻을 수 있게 해주거든요.

미국에서는 Chat GPT에게 최대의 성과를 얻어내는 프롬프트들을 공유하는 움직임이 일어나고 있습니다. 〈AI의 잠재력을 발휘하는 최고의 Chat GPT 프롬프트 100개〉라는 기사는 코딩, 음악, 비즈니스, 교육 등 각 분야에서 10여 개씩, 총 100개의 좋은 질문들을 소개하기도 했습니다.[129] 게다가 GPT를 포함한 여러 AI들에서 효과적이었던 프롬프트를 거래하는 프롬프트 베이스라는 마켓플레이스까지 생겼습니다.

어떻게 하면 좋은 질문을 할지에 대한 블로그 글부터 질문하는 법에 대한 유튜브 영상까지, 좋은 질문이 좋은 답을 이끌어 낸다는 데 많이 공감하는 분위기입니다. 그래서 사람들이 '신의 한 수'와 같은 질문을 찾죠.

Chat GPT를 잘 활용하는 가장 기본적인 능력은 프롬프트를 유의미한 질문으로 채우는 능력입니다. AI의 시대에 인간의 경쟁력을 논하면서 제일 앞으로 끌고 나와야 할 키워드가 바로 이 '프롬프트 Prompt'죠.

이제 한강은 그만 뛰고, 운전을 배워야 할 때

···

한 번에 원하는 대답을 얻어내는 '원샷 원킬'도 좋지만 매번 그런 운이 따라주지는 않을 것입니다. 그리고 자신이 잘 아는 분야를 물어보는 것이 아니라, 보통은 자신이 잘 모르거나 알더라도 조금 더 세부적인 정보를 요구하게 되는데, 그렇다면 더더욱 핵심이 되는 질문 한 방에 바로 원하는 대답을 찾을 수는 없을 겁니다.

그래서 Chat GPT를 활용하고자 하는 사람에게 현실적으로 조금 더 필요한 것은 후속 질문을 구성하는 능력입니다. 여러 질문을 통해서 원하는 정보, 필요한 정보에 접근하는 것이죠. 그 과정을 보자면 사실은 조금 더 다양한 능력이 필요합니다.

우선 질문과 문답의 디자인에 대해서 전반적인 방향과 프로세스를 설정하는 기획력과 예측력Planning&Prospect이 있어야 합니다. 나온 대답을 적절하게 구성하고 편집하는 구성력Reconstruction도 필요합니다. 파편적으로 나온 정보를 연결해서 의미를 찾아내는 연결의 힘, 통합의 능력Organize이 필요하기도 하고요. 하지만 역시 무엇보다 핵심을 파악해서 좋은 질문을 생각할 수 있는 질문력Make a question이 가장 필요하긴 합니다. 이런 과정을 해 나가는 리더십과 나온 정보를 효과적으로 설득력 있게 전달하는 능력Persuasion도 필요하죠. 그리고 마지막으로, AI에서 얻은 결과물을 사람에게 적용할 때 약간의 휴먼터치를 넣어 공감을 자아내는 능력Together&Touching도 필요합니다. 이런 능력들을 가진 사람이라면 Chat GPT의 능력에 압도당하지 않고 오히려 Chat GPT를 효과적으로 부리는 사람이 될 수 있습니다. Chat GPT를 부릴 수 있는 사람은 자신의 능력을 볼록렌즈에 통과시키는 것과 같습니다. 4~5배로 커질 수 있다는 말이에요. 이런 능력들의 머리글자를 모으니 'PROMPT'가 되었습니다. 이 능력들에 대해서 이제 하나씩 자세하게 살펴볼 텐데, 타고나면 좋지만 그렇지 않더라도 상관없습니다. 우리가 의식을 가지고 발전시키려 노력하면 얼마든지 성장할 수 있는 능력이니까요.

무엇보다 AI 네이티브로 태어나는 우리의 자녀들은 교육을 통해서 익혀야 하는 능력들이기도 합니다. Chat GPT의 시대에 지식을 암기하고, 사례를 달달 외우는 교육은 가장 피해야 할 방법입니다. 교육을 통해서 배우는 것은 '학력'이 아닌 '능력'입니다. '학습'이 아닌 '훈련'이라 할 수도 있고요. 정보를 읽고 분석하고 활용하는 능력 자체를 훈련하는 것이죠. 이런 훈련을 통해 우리에게 주어진 AI라는 도구를 잘 사용할 수 있다면, GPT의 시대에 훌륭한 경쟁력이 되거든요.

목적지에 빨리 도착하는 사람이 살아남는 오징어 게임입니다. 어떤 사람들은 빨리 달리기 위해 근육을 단련하고, 영양제를 먹고, 심지어 스테로이드 주사를 맞기도 합니다. 하지만 이 경주에 자동차를 이용해도 좋다는 룰이 새로 생겼어요. 아무리 빨리 달려봐야 자동차를 이길 수는 없습니다. 이제는 스테로이드로 다리 근육을 최대한 빵빵하게 한 사람이 이기는 것이 아니라, 비실비실하지만 운전을 할 줄 아는 사람이 이기는 거죠. 경쟁의 판이 달라지면, 그것에 유리한 사람, 성공한 사람, 우승자가 달라집니다.

이제 한강은 그만 뛰고, 어서 운전을 배우세요.

2

방향과 프로세스를
설정하는 기획력

Planning&Prospect

큰 그림 그리기

...

Chat GPT에 대한 소문을 듣고 프롬프트를 마주하고 앉으면 '일단 뭘 써볼까?'를 고민합니다. 'Hi!'라고 인사부터 한다든가, Chat GPT 의 약점을 찾아내겠다며 GPT가 잘 모를 것 같은 질문을 한다든가(외국 기반이라 한국 역사에는 좀 약해요), 차별이나 혐오에 근거한 대답을 유도하는 질문을 하기도 하죠. 이런 질문에 대해 과거와는 달리 GPT

가 원론적인 대답을 하며 잘 빠져나가는 것을 보고 '그냥 평범하군' 하며 로그아웃을 하는 분도 있고, '예전보다 나은데?'라며 로그아웃을 하는 분도 있습니다. 어쨌든 로그아웃이죠.

말하자면 Chat GPT에게 뭘 물어봐야 할지 계획도 기획도 없었다는 겁니다. 물론 처음에 그냥 한번 재미 삼아 접속했다면 이런 정도의 대화도 괜찮습니다. 하지만 GPT를 활용해서 무언가를 해보려고 한다면 일단 기본적으로 기획이 있어야 합니다. 안 그러면 그냥 잡담으로 흘러버리고 맙니다. 기획은 '어떤 대상에 대해 그 대상의 변화를 가져올 목적을 확인하고, 그 목적을 성취하는 데에 가장 적합한 행동을 설계하는 것을 의미'합니다.[130] 쉽게 말하면 '큰 그림'이라는 거죠. 이 큰 그림에 맞춰서 세부적으로 그림 그릴 준비를 하는 것이 '계획'입니다. 그러니까 기획은 청사진, 설계도 같은 겁니다.

방향성이 명확하다면 중간에 길을 잃어도 목적지에는 도착합니다. 그 방향으로 가면 되니까요. 그런데 방향도 없이 중간에 길을 잃으면 끝입니다. Chat GPT와 대화를 이어가면서 자신의 머릿속에 방향성이 잡혀 있지 않으면 그 대화에 말릴 수가 있어요. 이 방향성이 잘 잡혀 있어야 대화가 엉뚱한 방향으로 흐르지 않습니다. Chat GPT가 질문 한 번으로 우리의 의중을 다 파악할 수는 없습니다. 또 우리가 단 몇 문장의 말로 의중을 다 파악할 수 있도록 표현하지도 못해요. 의중은 있는데 그것을 효과적으로 구체화시켜서 전달하지 못하는 경우도 많거든요. 우리도 대화를 이어가면서 티키타카를 하다 보면 생각을 구체화하거나 의중을 드러낼 수 있는데, 그 의중 자체가 없다면 아무리 오랜 시간 대화를 해도 떠오르는 것이 없을 수밖에 없습니다. 그래서 중요한 것은 바로 이 큰 그림을 그리는 능력입니다.

계획하는 인간

...

계획은 기획이 정해진 다음에 그것을 구체화하는 것입니다. 그러니까 기획이 설계도라면, 계획은 설계도에 맞게 집을 만들어가는 과정이라고 할 수 있습니다. 기획을 잘하는 사람이 계획도 잘 세우고 지키지만, 둘 중에 하나만 잘하는 경우도 많습니다. 세밀하게 계획을 세우고 철저하게 지키는 능력은 있는데, 큰 그림을 볼 줄 모르고 자꾸 지엽적인 문제에 천착하는 사람이 있죠. 반대로 큰 그림을 잘 그리고 방향은 잘 설정하는 편인데, 막상 현실화할 때는 덤벙대서 뭐를 빼먹는다든가 해야 할 것을 실행하지 못하는 사람도 있습니다. 둘 중에 어떤 사람이 GPT 시대에 더 나은 사람인가 하면 후자입니다.

바로 이 부족한 계획 실행력과 꼼꼼함을 GPT가 대신해 줄 수 있으니까요. 이런 성향의 사람이 GPT를 잘 활용하면 그야말로 날개가 되는 겁니다. 반면 GPT가 해도 될 세부적이고 꼼꼼히 점검해야 할 일을 자신이 꼭 해야 직성이 풀리는 사람은 같은 업무를 놓고 GPT와 경쟁을 하는 셈입니다.

주식 동향을 주제로 신문에 기사를 써야 한다면, 꼼꼼하게 주식의 동향을 전하는 기자의 기사가 연결된 AI를 통해서 실시간으로 기사를 써서 송출하는 Chat GPT에 비해 경쟁력이 있을까요? 수치를 나열하며 '무엇이 상한가이고, 무엇이 주의해야 할 종목인가' 하는 대동소이한 내용인데, 속도 면에서 상대가 안 되거든요. 실수할 염려도 더 적고요. 그렇다면 여기서 인간의 경쟁력은 어떤 종목이 왜 상한가이고, 어떤 종목이 왜 주의해야 할 것인가를 분석해 주는 것일까요? 이런 것이 예전 AI가 가진 한계였다면 생성형 언어모델인 Chat GPT는 바로 이런 부분을 해결해주기 때문에 진화한 AI인 것입니다. 그렇다면 이 과정에서 인간의 역할은 무엇일까요?

'이런 기사를 왜 만들어야 하나? 만들었다면 기사를 지금 낼 것인가, 안 낼 것인가? 지금이 아니라면 어느 시점이 적절한가?'와 같은 보다 본질적인 부분의 판단입니다. 말하자면 데스크의 역할인 거죠. 그런 기사가 왜 필요하며, 상황이 바뀌면 그 기사의 필요성은 어떻게 되는지와 같은 판단의 영역에서 인간의 능력이 발휘돼야 합니다.

기획력이 있는 사람의 특징

...

일을 할 때, 그 일에 대한 이유를 따져 묻는 사람들이 있습니다. 그런 사람들이 GPT의 시대에는 바람직한 인재들입니다. 그 일을 왜 해야 하는지를 이해하면 상황이 바뀌었을 때 대응도 가능한데, 이유를 모르고 '회사에서 시키는 거니 열심히 하는' 사람들은 바뀐 상황에 대해서 다시 지시를 받아야 하거든요. 예를 들어, 아내가 전화를 걸어 "집에 들어올 때 편의점에서 우유 좀 사다 줘"라고 요청했다고 합시다. 평소 우유를 먹는 집이 아니라서 "근데 우유가 왜 필요한 거야?" 물어보는 사람이 있을 수 있고, 그냥 "응, 알았어"라고 대답하는 사람이 있을 겁니다. 하필 편의점에 가니 오늘까지가 유통기한인 우유만 남아 있습니다. 아내에게 다시 전화를 해보니 전화를 받지 않습니다. 어떻게 해야 할까요?

우유가 왜 필요한지 아는 사람은 이 돌발상황에 대응할 수가 있습니다. 오늘 중에 먹으려고 한다면 사도 되지만, 내일 필요한 우유라면 안 사는 것이 낫죠. 우유 목욕을 위해 필요한 거라면 유통기한과 상관없이 구입하면 됩니다('유통기한 지난 것은 없나요?'라고 물어서 보다 알뜰한 소비를 노려볼 수도 있고요). 반면 우유가 필요한 목적을 모르면 전화가 될 때까지 계속 기다리거나, 집에 들렀다 다시 나오거나, 그것도 아니면 그냥 사가는 수밖에 방법이 없습니다.

어떤 일을 할 때 중요한 것은 '왜'에 대한 고민과 나름의 답입니다. 그렇지 않으면 그 일이 진행되는 과정에서 길을 잃을 확률이 생깁니다. 자신이 하는 일들, 해야 하는 일들이 있다면 그에 대해서 '늘 하던 것이니까'나 '남들도 하니까'와 같은 관성적인 생각을 버리고, 그것을 '왜 하는가'에 대한 고민을 가끔가끔 의도적으로 해보세요. 습관을 들이는 것입니다. 이런 의도적인 생각들이 큰 방향을 잃지 않게 할 것이며, 지금 하는 일의 핵심이 무엇인가를 다시 한번 일깨워 줄 겁니다.

시키는 대로 하는 사람과 그것이 왜 필요한지에 대해서 궁금해하는 사람은 능동성의 차이를 가집니다. 직장생활에서 '어떤 일이든 시키는 것만 하면 그만이다. 더 이상 하고 싶지도, 알고 싶지도 않다'고 생각하는 사람이 의외로 많습니다. '1인분'이라는 말이 있죠. 딱 월급 받는 만큼만 일한다는 것인데, 이런 식의 기조는 사실 좀 위험합니다. '시키는 것만 하는 수동적인 1인분' 정도의 인력은 AI가 대체하기 쉽거든요. 그 AI에게 일을 지시할 수 있는 사람이 필요한데, 그 능력을 가지려고 노력해야 하겠습니다.

3

재구성과 편집을 통해
의미를 만드는 구성력

Reconstruction

재구성의 힘

...

예능 방송 작가는 크게 두 부류로 나뉩니다. 글을 잘 쓰는 사람과 구성을 잘하는 사람이죠(사실 섭외를 잘하는 사람도 있어요). 보통은 세부적인 것을 작가가 맡고 구성이나 큰 그림은 PD가 하는 경우가 많지만, 구성력이 뛰어난 작가가 있다면 PD가 많이 의존하게 됩니다. 탄탄한 구성으로 만들어진 대본은 따로 손댈 필요가 없거든요.

만약 Chat GPT를 작가로 활용한다면 글과 구성 중에 글을 맡길 확률이 높습니다. 지금도 시트콤 대사를 써달라고 요청하면 나오거든요. 물론 Chat GPT가 구성을 할 수도 있지만, 매우 평범하고 예상 가능한 범위로 나올 가능성이 많습니다. 그래서 사람이 구성을 맡고, 글을 Chat GPT에게 맡기는 것이 조금 더 효율적이죠.

구성은 세부적인 요소들을 모아 전체를 짜는 것입니다. 재구성은 그런 요소들을 다시 배치해서 조금 다른 느낌을 만드는 것이겠죠. 이 과정에서 재미, 흥미, 공포, 스릴, 집중 등 여러 가지 요소가 첨가될 수 있습니다. Chat GPT에게 스토리를 만들어 보라거나 논문의 목차를 구성해 보라고 부탁해 본 사람들은 '그럭저럭 쓸 만한' 결과물이 빠르게 나오는 것에 감탄하는 것이지, '감동적인' 결과물에 놀라는 것은 아닙니다. Chat GPT가 만든 결과물은 보통 평균적입니다. 속도가 빠르기 때문에 양적으로 많을 수 있으나 질적으로 탁월한 하나를 만들어 내진 못합니다. 앞으로 Chat GPT가 여러 텍스트 생산물을 양산한다면 흔한 품질의 텍스트는 차고 넘칠 것입니다. 따라서 Chat GPT가 만들어 내는 결과물이 차고 넘치는 세상에서는, 조금 다른 특징을 가진 텍스트가 유료로 판매될 확률이 높습니다. 그만큼 가치가 있으니까요. 그리고 그 가치는 재구성하는 힘에서 만들어집니다.

같은 이야기라도 재미있게 하는 사람이 있죠? 반면에 "내가 얘기하면 재미없으니까 네가 말해"라고 하면서 스스로 재미없음을 인정하는 사람도 있습니다. 그런데 알고 보면 두 사람이 얘기하는 내용 자체는 똑같습니다. 결국 이때의 '재미'는 재구성의 힘에서 나옵니다. 기-승-전-결을 도치시키는 방법이나 "그게 왜 그런지 알아?" 하는 식으로 주의를 환기시키며 그에 대한 답을 제일 마지막에 알려준다든가 하는 식으로 이야기를 재구성하는 데에서 나오죠.

재구성으로 감정이 들어간 결과물 만들기
...

웹툰으로 성공해서 나중에 드라마까지 만들어진 〈미생〉이라는 작품은 고졸 출신의 낙하산 사원이 대기업에서 유망한 사원으로 성장해 가는 이야기입니다. 에피소드 중에 주인공 장그래가 속한 팀이 그룹 임원들에게 새로운 사업 아이템을 제안하는 중요한 PT를 준비하는 일화가 그려지는데, 평범하고 밋밋한 PT 내용 때문에 장그래가 발표 하루 전날 PT의 구성을 바꾸자고 제안합니다. 그룹 내의 실패한 사업들을 조망하는 내용을 도입부에 배치하자는 의견이었죠. 하지만 이것이 위험한 이유는 실패한 사업들의 책임자가 바로 임원들이기 때문이었습니다.

드라마 〈미생〉의 공식 포스터

평범하고 지루한 PT, 그래서 임원들도 듣는 척하다가 적당히 거절하면 되는 PT가 도전적으로 바뀐 구성 덕분에 주목도가 확 올라가는 발표가 되었고, 결국 사장님으로부터 추진해보라는 허락을 받게 됩니다. 임원들이 미리 거절을 준비하고 있던 아이템이었는데, 이 재구성된 PT 한 방으로 역전이 된 겁니다.

이런 식의 구성은 Chat GPT가 할 수 없습니다. Chat GPT는 평균적인 대답을 하도록 조정되어 있기 때문에 부탁해봤자 지루하고 평범한, 평균적인 PT 내용을 구성할 수밖에 없습니다. 이것을 재구성해서 사람들의 흥미를 끌고 관심을 불러일으키는 것이 GPT 시대에 필요한 사람의 능력입니다. 그러면 GPT와의 시너지 효과는 엄청날 겁니다. 다시 말하지만, GPT와 달리기 경쟁을 하지 말고 운전을 배워야 합니다. 'PT를 어떻게 보기 좋게 만들 것인가, 폰트는 무엇을 쓸 것인가, 세부적인 내용은 어떻게 채울 것인가'를 고민하기보다 이런 부분은 GPT에게 맡기고 '전체 구성을 어떻게 할지, 어떤 식으로 변형을 줄지'와 같은 구조적인 부분에 더 관심을 기울여야 합니다.

꼭 PT가 아니라 광고가 될 수도 있고, 스토리나 기사가 될 수도 있습니다. 어떤 것이든 내용은 Chat GPT를 활용해서 먼저 생성하세요. 거기서 출발하는 것입니다. GPT는 사람보다 훨씬 빠르게 관련 자료를 찾아 내용을 채울 수 있으니, 일단 평균적이고 평범하지만 내용이 있는 초고를 생성하는 겁니다. 여기에 가치를 부여하는 것은 약간의 재서술과 재구성입니다. 서술상 약간의 기교 그리고 무엇보다 재구성으로 인해 흥미로운 혹은 재미를 일으키는 거죠. 평범하고 무난한 텍스트가 아니라, 감정이 들어간 텍스트를 만드는 것입니다.

구성하는 힘 기르기
...

그렇다면 구성을 하는 힘은 어디에서 나올까요? 가장 좋은 공부는 역시 기존 텍스트에 대한 분석이 아닐까 합니다. 영화감독이 좋은 구성을 하기 위해 가장 많이 하는 일은 다른 감독의 영화를 보는 일입니다. 그냥 보는 것이 아니라 구성을 분석해가면서 하나하나 곱씹어 보는 것이죠.

우리가 공부할 텍스트는 어떤 것이든 상관없습니다. 어떤 것이라도 구성을 가지고 있으니, 어떤 것이라도 공부거리가 될 수 있거든요. 영화를 좋아하면 영화를 대상으로 구성 공부를 하거나 책, 유튜브 같은 것도 좋습니다. 심지어 어떤 마케터는 스마트폰으로 전송되는 스팸문자도 분석을 한다더군요. 자신이 마케팅할 때는 어떤 문구로 어떻게 구성할 것인가를 연구하기 위해 말입니다.[131]

무엇이라도 관심이 있는 것을 대상으로 그것의 구성을 분석해 보고, 자신이 구성한다면 어떤 식으로 할지 순서를 이리저리 바꿔보면서 재구성을 연습해 볼 수 있습니다. 자신이 평소에 무심코 하던 것들을 재구성해보는 것도 좋은 연습이 됩니다.

의미와 정보를 잇고
통합하는 연결력

Organize

창발성이 뭘까?

· · ·

창발성Emergence이라는 말이 있습니다. 창의성이 없는 것을 만들어 내는 거라면, 창발성은 있는 것을 연결하는 과정에서 도출되는 새로운 어떤 것들을 말합니다. 창발성이라는 개념을 처음 만들어 낸 심리학자 루웬스는 창발성을 '서로 다른 특성을 갖는 존재들의 협력'이라고 했습니다. 그리고 '전체는 부분의 단순한 합이 아니라 그 이상이 된다'[132]는 말도 창발성을 잘 설명하는 말입니다.

애플은 이 창발성을 중요하게 생각하는 기업입니다. 그래서 애플의 본사는 여러 부서의 사람들이 우연히 만날 수 있도록, 소통의 경로를 큰 공간 안에 모으는 식으로 설계되었습니다. 도넛 (혹은 UFO) 모양인 본사 사옥 자체가 이미 만남과 소통을 목적으로 만들어진 거거든요.[133] 그래서 코로나 시국에 '우연한 만남이 이루어지지 않는 재택근무'를 유난히도 싫어했던 기업이 애플이었습니다.

'창발성 혹은 우연한 만남이라는 것이 무엇인가'를 생각해보면 각자 다른 정보 단위를 잇는 과정에서 생각지 못한 새로운 정보 혹은 새롭게 형성된 조금 더 큰 의미의 정보와 만난다는 뜻으로 이해할 수 있

애플 스티브 잡스 극장[134]

을 것 같습니다. 예를 들어, 휴대폰과 PDA, 터치스크린 등은 기존에 존재하던 것들인데 이것을 합치니 '스마트폰'이라는 기존에 없던 것이 등장했습니다. 사실 스마트폰이라는 명칭까지도 그전에 있었던 겁니다. 현재의 스마트폰과는 의미가 달랐지만요.

아직 GPT가 가지지 못한 창발성

...

창발성이 우연한 만남에 의해서 나오는 거라고는 하지만, 정확하게 말하자면 만난다고 해서 창발성이 발현되는 것은 아닙니다. 이리저리 다양한 조합을 만들다가 새롭게 다다르는 지점이 있어야 하는 거니까요. GPT가 창발성을 발휘하기는 힘듭니다. 규정과 규범에 없는 통찰력을 가지고 올 수는 없으니까요. 같은 사실이라도 다른 식으로 바라보는 관점이 바로 인간이 가지는 장점이 될 수 있습니다.

도시의 크기가 10배 늘어날수록 그 도시의 창조성은 17배 정도 늘어난다고 합니다. 많게는 31배까지 늘어나는 경우도 있었다고 해요.[135] 연결시킬 재료가 많을수록 그만큼 창발성의 확률이 높아지는데, GPT는 여러 다양한 팩트와 정보들을 빠른 시간에 제시해 줄 수 있죠. 이런 정보들이 많을수록 조합은 늘어나니까, 다양한 연결의 결과들을 도출해 볼 수 있습니다.

AI를 최대한 잘 활용하는 법은 기술이 아닙니다. 안목입니다. 그 안목은 분석력이라기보다는 연결력에 가깝습니다. 회전초밥이라는 시스템은 오사카에 있는 겐로쿠 스시에서 처음 시작했는데, 이런 시스템을 처음 도입한 시리이시 요시아키는 우연히 맥주 공장에 견학을 갔다가 컨베이어 벨트에서 맥주가 제조되는 것을 보며 회전초밥 아이디어를 얻었다고 합니다.[136] 먹는 음식인 초밥과 공장의 컨베이어 벨트라는 두 가지 이질적인 것을 결합해서 새로운 음식 시스템을 탄생시킨 것입니다.

서로 다른 것들을 연결해서 기존에 나오지 않았던 것을 만들어 내는 힘은 아직 Chat GPT가 가지지 못한 능력입니다. 다시 말하면, 바로 여기에 인간의 경쟁력이 있다는 거죠. 여러 가지 사실들과 팩트들을 접목시켜서 의미를 부여하는 힘인데, 그런 의미에서 통찰력보다는 오히려 연결력이라는 말이 더 적절할 것 같습니다. 팩트들을 순식간에 AI가 찾아주면, 이제 인간은 그 구슬들을 꿰어서 의미 있는 모양을 만들어 내면 되니까요.

연결력 훈련하기
...

말은 쉽지만, 실제로 창발성을 발휘하는 것은 쉽지 않은 일입니다. 굳이 그래야 할 필요가 없었고, 또 기껏 생각한 것은 찾아보면 이미 존재하는 일도 많았죠. 연결력을 훈련해 볼 기회도 많지 않았습니다. 간단하게 두 가지 정도의 방법을 제시할 텐데, 먼저는 일상 표현에서 은유나 직유를 많이 써보는 것입니다.

달을 표현할 때 흔히 '쟁반같이 둥근 달'이라고 합니다. 이 직유는 쟁반과 달이라는 것을 둥그렇다는 이미지로 연결한 것입니다. 그러니까 직유나 은유가 바로 연결의 결과인 셈입니다. 일상생활에서 창의적인 직유나 은유를 쓰는 사람은 그만큼 새로운 것들을 연결하는 힘이 뛰어난 것입니다. 밤하늘에 매달린 듯이 떠 있는 달은 그러고 보면 방한가운데 켜 놓은 전등 같은 느낌도 듭니다. '전등 같은 달'이라는 직유가 떠올라, 문득 달 모양으로 조명을 만들면 예쁘겠다 생각해서 검색을 해보니 이미 있습니다. 한국 제품은 아닌데, 해외직구로는 구할 수 있습니다. 누군가 이런 생각을 이미 해서 상품으로 만들었다는 의미입니다. 같은 표현도 '마치 ~ 같다'를 조금 더 창의적이고 기존에 없던 이미지와 연결하려고 노력하다 보면 새로운 아이디어에 가 닿을 수도 있겠습니다.

또 하나의 연결력 훈련은 일본 소프트뱅크의 회장 손정의가 젊은 시절 써먹던 방법입니다. 발명 특허를 얻어 돈을 벌겠다고 생각했지만 아르바이트와 학업 때문에 여유롭게 생각할 시간이 많지 않았던 손정의 회장은 300개의 낱말 카드를 만듭니다. 이 카드에 적힌 단어들은 우리가 일상생활에서 흔히 볼 수 있는 것들입니다. 그리고 하루에 한 번씩 이 카드 중에 3개를 무작위로 뽑아서 이 세 가지 단어를 연결시켜 봅니다. 그렇게 1년을 하던 중 어느 날 카드에 '사전', '음성발신기', '액정화면'이라는 단어가 나온 겁니다. 이것을 연결해서 손정의 회장이 생각한 것은 전자사전이었고, 이 전자사전의 특허를 샤프전자에 팔아서 21살에 11억 이상의 돈을 벌었습니다.[137] 지금 소프트뱅크 제국의 시작입니다.

여기서 우리가 따라 하고 싶은 것은 손정의 회장의 훈련법입니다. 물론 '백만장자'라는 것을 바로 따라 하고 싶은 것이 본심이지만, 그러기 위한 과정으로 이 훈련법이 필요합니다. 관련 없어 보이는 것을 억지로 연결시키고 이리저리 궁리하다 보면, 처음에는 생각지도 못한 새로운 것을 만들어 낼 수 있습니다. 하루 5분의 시간 투자를 통해서도 이런 연결력 훈련은 얼마든지 가능합니다. 이 훈련으로 나온 아이디어로 백만장자에 도전할 수도 있지만, 이 훈련의 결과 만들어진 연결력이 GPT의 시대를 살아가는 진정한 힘이 될 수도 있습니다. 결국, 그 힘이 우리를 백만장자로 만들어 줄 거고요. 이래저래 결론은 백만장자이니까 이 훈련의 결과는 꽤 행복하네요.

5

원하는 답을
얻어내는 질문력

Make a question

좋은 질문이 끌어내는 것

...

소크라테스는 문답법으로 지혜를 전했습니다. 하지만 좀 극단적이긴 했죠. 대답만 하면 "이런 점에서 네 주장이 틀린 거 아냐?"라는 식으로 대화하는 상대를 막다른 곳으로 몰아붙이기 일쑤였으니까요. 그래서 당대 엘리트들에게 미움을 사기도 했습니다.[138] 그래도 소크라테스의 문답법이 지금까지 좋은 교육의 방법으로 남아 있는 것은 질문을 통해 진실에 도달하려 애썼기 때문입니다. 다만, 그 진실이 '내가 알고 있는 것은 잘못된 것이구나. 나는 아무것도 모르는구나'라는 거여서 사람들이 싫어하긴 했지만요.

핵심은 실제로 사람들이 '자신이 알고 있다고 믿는 것이 사실은 모순적'이라는 것을 몰랐는데, 문답법을 통해 스스로 그 진실을 직시하게 된 것입니다. 그러니까 좋은 질문은 문제의 핵심으로 이끄는 힘이 있습니다. 달리 말하면, 좋은 질문을 통해 우리는 보다 나은 대답을 얻을 수 있다는 것입니다. '지구는 태양 주위를 공전한다'라는 정보보다 '지구는 약 29.8km/s의 속도로 태양 주위를 공전한다'라는 정보가 조금 더 가치 있습니다. 정보는 구체적이고 자세할수록 유용하니까요. GPT에게 하는 질문 역시 "지구는 공전하니?"보다는 "지구는 어디를 얼마의 속도로 공전하니?"라고 물어야 진정 유용한 정보에 도달할 수 있습니다. 만약 "지구의 공전 속도는 어느 정도이고, 지구가 공전한다는 증거는 어떤 것이 있는지 3가지 정도를 들어주고, 각 증거마다 3~4줄씩 추가 서술해줘"라고 하면 연주시차, 광행차, 도플러 효과 같은 증거를 들며 자세한 답을 해줄 것입니다.[139] 문득궁금해져서 "혹시 지구가 공전하지 않는다고 주장하는 사람도 있어?"라고 Chat GPT에게 물었더니 '그런 사람도 있지만 과학계에서는 심각하게 받아들이지 않는다'고 하는군요.

좋은 질문의 핵심

...

좋은 질문은 우리가 궁금한 것을 정확하게 인지하고 파악하는 데에서부터 나옵니다. '내가 알고자 하는 핵심이 무엇인가'가 제대로 파악되지 않으면, 불필요한 대화가 일어날 수밖에 없습니다. Chat GPT와 정말로 채팅을 즐기며 친교를 쌓는 것이 목적이라면 괜찮겠지만, AI를 사용해서 효과적인 결과물을 산출하고 싶은 사람이라면 질문도 정확한 것이 좋습니다. 또한 좋은 질문은 구체적입니다. 알고자 하는 것이 명확하면 질문 역시 구체적일 수 있습니다. 추상적 질문에는 추상적 답변이, 구체적 질문에는 구체적 답변이 돌아오기 때문에 유용한 정보를 얻기 위해서는 가능한 한 구체적이고 자세하게 질문을 하는 것이 좋습니다. 그리고 중요한 질문력 중 하나는 자신의 궁금함을 돌려서도 질문할 수 있어야 한다는 것입니다. 예를 들어, Chat GPT는 주식 추천을 절대로 하지 않습니다.

언어모델 AI로서 고객님의 재무상황이나 투자목표에 접근할 수 없기 때문에 구체적인 종목 추천은 드릴 수 없습니다. 투자 결정을 내리기 전에 철저한 조사를 수행하고 금융 전문가의 조언을 구하는 것이 중요합니다.

GPT로 투자할 만한 회사의 주식 목록을 알아보고 싶은 사람이라면 직접적으로 묻기보다 다른 질문으로 같은 효과를 낼 수 있어야 합니다. "최근 10여 년간 가장 수익률이 좋은 주식들의 공통점은 뭐지?"라고 질문할 수 있습니다. 그러면 Chat GPT가 알려주는 특징에 맞는 회사를 찾는 것도 하나의 방법이 될 수 있겠죠.

주식을 아주 약간 아는 분이라면 "최근 10년 동안 PER이 가장 낮은 곳 10곳을 뽑아줘"라고 물어볼 수도 있습니다. PER은 'Price Earning Ratio(주가수익비율)'의 약자로 주가가 그 회사 1주당 수익의 몇 배가 되는가를 나타내는 지표입니다. 주가를 1주당 순이익으로 나눈 값인데, PER이 낮으면 이익에 비해 주가가 낮다는 뜻입니다.[140] 즉 기업 가치에 비해 주가가 저평가돼 있다는 뜻이니까 주식을 살 만하다는 의미가 되는 겁니다.

하지만 지금 Chat GPT에게 물어보면 '죄송하지만 지난 10년 동안 개별 회사의 가격 대비 수익 비율PER에 대한 과거 데이터에 액세스할 수 없습니다'라는 답변을 받게 됩니다. 이 문제는 MS와 연동되어 공개된 인터넷 세상의 데이터를 쓸 수 있거나 금융권과 연계하여 데이터를 쓸 수 있으면 되니까 시간이 지나면 답변을 받을 수 있는 문제입니다. 그런데 아마 Chat GPT의 변형으로 주식에 대한 분석을 하고 조언을 대중들에게 제공하는 AI가 따로 나올 가능성이 높습니다. 대신 그

AI의 조언 밑에는 항상 "투자 판단의 결과는 여러분의 책임입니다"와 같은 경고 문구가 붙어있겠지요.

원하는 대답을 얻기 위해서 질문을 살짝 가공할 줄 아는 것도 질문력이라고 할 수 있습니다. 이런 능력의 본질은 역시 핵심에 대한 이해와 지향이라고 할 수 있죠. 지향점이 분명하니까 세부적인 길은 다르더라도 마지막에는 핵심에 도달하는 것입니다.

좋은 질문을 위한 훈련

...

질문력을 기르기 위해서 가장 필요한 것은 핵심과 맥락을 파악하는 연습입니다. 이런 부분이 약하다면 요점을 정리하는 연습을 할 필요가 있습니다. 저는 〈시한책방〉이라는 북리뷰 유튜브 채널을 운영하면서 책을 요약정리하는 일을 꾸준히 해왔습니다. 계속하다 보니 확실히 핵심을 파악하는 연습이 많이 되더라고요. 책을 주기적으로 읽으며 핵심을 파악하고 요점을 정리한 후 그것을 SNS로 공유하는 루틴을 만드는 것은 좋은 훈련이 됩니다. SNS로 공유하는 이유는 그렇게 해야 꾸준히 연습을 하게 되기 때문입니다. 운동이나 다이어트와 비슷합니다. 남들에게 한다고 선언을 해야, 그나마 조금이라도 하게 되니까요.

책을 읽는 것이 힘들다면 영화나 드라마를 보고 그것을 4~5줄 정도로 요약해 보는 것도 좋습니다. 어떤 주제이든 그 대상 텍스트를 요약, 정리, 리뷰해보는 작업을 꾸준히 하면, 핵심과 맥락을 파악하는 힘이 늘어납니다.

사람을 이끄는 힘,
설득력과 리더십

Persuasion

AI에게는 허락되지 않은 능력

...

'GPT를 잘 활용한다'는 것은 필요한 대답을 잘 산출해낸다는 것도 있지만, 산출된 결과를 효과적으로 사용하는 것도 포함합니다. 여의봉을 손에 넣었지만 그것을 크게 만드는 방법을 모르면 허사죠. 아무리 GPT를 통해서 양질의 정보를 얻어도 그것을 적절하게 사용하지 못한다면 쓸모없는 정보인 셈입니다. GPT가 제공하는 정보들과 결합하기에 가장 좋은 것이 인간의 관점과 주장, 판단입니다. Chat GPT가 주는 정보에는 이런 것들이 빠져 있거든요. 예를 들어, 제가 "삼성과 LG 중에 어디가 더 좋은 기업이야?"라고 물었더니 역시 원론적인 대답이 돌아옵니다.

삼성과 LG를 비교하는 것은 두 회사 모두 장단점이 있고 한 사람에게 더 좋은 것이 다른 사람에게는 그렇지 않을 수 있기 때문에 주관적입니다. 개인의 선호도, 요구 사항 및 회사 또는 제품에서 찾고 있는 것이 무엇인지에 따라 다릅니다. 두 회사의 제품을 조사하고 비교하여 어느 것이 더 나은지 결정하는 것이 좋습니다.

이번에는 조금 달리 물었습니다. "그러면 삼성과 LG 중에 매출적인 면에서 보자면 어디가 더 좋은 기업이야?"라고 매출이라는 기준점을 준 것입니다. GPT가 사람 말의 뉘앙스를 모르면 '좋은 기업'이라는 말이 여전히 상대적 비교평가라고 생각해서 답변을 비슷하게 했겠지만, 여기서 의미하는 좋은 기업은 문맥상 매출이 높은 기업이라는 것을 알아듣고 이렇게 답변을 주었습니다.

2021년 내 지식 컷오프 기준으로 삼성은 일반적으로 LG에 비해 매출이 더 높은 것으로 간주됩니다. 삼성은 세계에서 가장 큰 기술 회사 중 하나이며 스마트폰, TV 및 가전제품을 포함한 다양한 제품을 보유하고 있어 높은 매출에 기여하고 있습니다. 그러나 이는 시간이 지남에 따라 변경될 수 있으며 두 회사 모두 판매 측면에서 성공적인 기간을 보냈다는 점에 유의해야 합니다.

기준을 명확히 하면 답변에는 도달할 수 있지만, 여전히 신중한 자세를 가지고 있다는 것을 확인할 수 있습니다. 하지만 보통의 사람은 이런 답변에 잘 만족하지 못합니다. 유튜브 주식 관련 채널을 열심히 보는 것도, 명확하게 "이러저러하니 이 기업 주식이 좋아"라는 말을 듣기 위해서잖아요. 아니면 적어도 "이런저런 면에서 유망하다"라는 말이라도요. 그러니 이런 GPT의 답변에 만족할 리 없습니다. GPT를 통해서 여러 가지 조건을 빠르게 산출하고 그 정보들을 보여주면서, 여기에 인간의 관점과 주장을 섞어 말하는 방식이 필요합니다. 그리고 이런 면에서 GPT가 쏟아내는 텍스트에 비해서 경쟁력이 생기는 거고요.

인간이 Chat GPT와 같이 작업을 할 때 결과물을 생동감 있게 하기 위해서 불어넣는 숨결의 정체는 주장, 관점, 가치 같은 요소들입니다. 결국 판단이 필요하다는 것인데, 그렇기에 인간이 갖춰야 할 능력이 바로 설득력인 것입니다. 주장과 근거를 설득력 있게 전달할 수 있는 능력은 AI에게는 허락되지 않은 능력입니다. 그러니 설득력을 가지고 있는 인간이란, AI 시대에 굉장히 매력적인 존재가 아닐 수 없습니다.

설득력이 있는 사람은 보통 리더십을 가지고 있습니다. AI는 인간의 보조물로 설계되었기 때문에 선천적으로 따르는 능력만 있을 뿐 이끄는 능력은 없습니다. 리더십 있는 인간은 그래서 AI 시대에 매력적입니다. 방향을 제시하고, 사람들을 설득하며, 같이 나가도록 격려하는 자질을 가진 사람들은 아무래도 AI 시대에 유리할 수밖에 없습니다. GPT의 작업을 설계하고 이끄는 것 역시 리더십이 필요한 일이니, 리더십이 있다면 GPT의 활용도 효율적으로 할 수 있습니다.

리더십을 발휘하게 하는 핵심 요소

...

설득력과 리더십은 어떻게 갖출 수 있을까요? 리더인 사람은 타고나는 것 아닌가요? 역사에서는 영웅사관이라는 것이 있습니다. 영웅을 중심으로 역사와 시대가 만들어진다는 관점인데[141] 그 반대편에 자리한 것이 시대가 영웅을 만든다는 것입니다. 난세에 영웅이 나온다는 말과 같은 맥락입니다. 아무리 대단한 인물도 그 사람의 진가가 드러날 수 있는 계기를 만나지 못하면 영향력은 제한적일 수밖에 없습니다. 결국 리더십은 그 상황에 맞게 발휘해야 하는 것이지, 선천적으로 타고나야만 가질 수 있는 것이 아닙니다.

그래서 리더십의 종류에도 여러 가지가 있는 겁니다. 카리스마형 리더십도 있지만, 반대적인 서번트형, 즉 섬김형 리더십도 있습니다. 관계중시형, 민주주의형, 지시적, 자유방임형 리더십 등 다양한 종류가 있습니다.[142] 보통 타고난 리더에게 있다고 생각하는 카리스마는 리더십의 한 종류이지 리더십의 전부가 아닙니다.

결국 리더십이 발휘되는 것은 타고난 성품보다는 책임감에 기인하는 게 아닐까 합니다. 상황을 이끌고 가야 한다는 책임감이 자신의 성품과 만나서 다양한 리더십의 형태로 나오는 것입니다. CEO들을 보면 어려운 상황에서도 직원들 월급을 주기 위해 버틴다고 하는 분들이 많잖아요. 책임감이 리더를 만드는 거죠. 상황이나 일에 대한 책임감을 조금 더 가진다면 오너십이 생기면서 열정과 의욕이 생기게 됩니다. 그래서 리더들은 솔선수범으로 이끄는 역할을 하게 되는 것입니다.

설득력을 갖추기 위한 논리 훈련

...

책임감이 마음가짐이라면, 조금 더 현실적인 설득력 향상을 위해서는 노력이 필요합니다. 말을 합리적으로 구성하고, 논리적으로 설득하는 훈련 말입니다. 논거와 주장을 정확하게 파악하고 자신의 주장과 논거가 정확하게 맞는지 체크해봐야 합니다. 예를 들어, "사람들 많으니까 이 식당 맛있겠다. 여기서 먹자"라는 말은 일상에서는 그럴듯하게 들리지만, 엄밀히 따지면 오류입니다. 사람이 많은 식당이지, 사람이 많은 식당이라고 맛있는 식당은 아니거든요. 이것을 군중에 호소하는 오류라고 하는데, 논리적으로 따져보면 맞지 않는 말인 거죠. 마케팅으로, 우연히, 시간이 맞아서 사람이 많을 수도 있는 거니까요.

이렇게 주장과 논거를 분리해서 논거가 주장을 정확하게 뒷받침하는지, 생략된 전제는 적절한 것인지를 따져보는 것이 논리 훈련입니다. 이런 논리적 생각과 설득력이 약하다면 관련된 책들을 읽으며 훈련해 보길 추천합니다.

한 가지 덧붙이자면, 상대를 설득력 있게 리드하기 위해서 이슈를 선점하면 유리합니다. 화제가 되는 이슈를 자신이 먼저 알고 있고 이에 대한 이야기를 할 수 있다면, 많은 사람들이 그 이야기에 귀를 기울이거든요. 그래서 최신 이슈에 귀를 열어두시고, 그런 이슈들에 대한 식견을 쌓는 것을 게을리하지 마시기 바랍니다.

사람의 마음을 이해하는
공감력과 휴먼터치

Together&Touching

설교하는 AI

...

AI가 가지지 못하는 것은 설득력과 리더십만이 아닙니다. 사실 설득에서 더 중요한 요소는 '감성'입니다. 아리스토텔레스는 설득의 3요소로 로고스, 파토스, 에토스를 들었습니다. 로고스는 논리, 이성적인 설득을 의미하고, 파토스는 감정, 감성적인 설득을 의미합니다. 그리고 에토스는 설득하는 사람의 매력도인데, 명성이라고도 합니다. 그러니까 에토스는 누가 이야기하느냐의 문제인 거죠. 아리스토텔레스는 이 중에 가장 효율적인 것은 에토스, 그리고 가장 영향력이 적은 것은 로고스라고 했습니다.[143] 이렇게만 봐도 Chat GPT가 발화하는 것과 인간의 발화는 설득력이 다르다는 것을 확실히 알 수 있습니다. 사실 지금도 Chat GPT가 쓴 글이라고 하면 신기하긴 해도, 거기에 감동을 받거나 하면 왠지 지는 기분이 살짝 들거든요. 사람이 썼다는 것만으로도 이제는 조금 더 신뢰감을 획득하는 시대가 되는 것입니다. 마치 쿠키에 '핸드 메이드'라는 스티커가 붙으면 조금 더 신뢰감 있고 비싸도 비싸게 느껴지지 않는 것과 같죠. 핸드 메이드 쿠키가 꼭 맛있으리라는 보장이 있는 것도 아닌데 왠지 더 좋아 보이거든요.

그리고 두 번째로 영향력 있는 파토스는 감정입니다. 논리는 가장 영향력이 적습니다. 그러니까 AI 시대에 AI가 가지지 못한 중요한 것, 즉 사람의 경쟁력이 살아 있는 부분이 바로 감정인 것이죠. 여기에 다른 사람에게 공감하는 마음인 공감력이나 윤리적 판단 같은 것도 함께 언급될 수 있을 것 같습니다. 작성된 정보, 제시된 내용에 감정이나 공감, 윤리적 판단이 묻어 있는 글은 Chat GPT가 텍스트를 양산해내는 시대에 큰 경쟁력을 가지게 됩니다. 그야말로 '핸드 메이드'거든요. 기껏 핸드 메이드인데 마치 기계가 쓴 것 같은 글이라면 사실 경쟁력이 없는 거죠.

예전에 아나운서를 지망하는 지인이 있었습니다. 아나운서 학원에 다니면서 훈련을 하는 것을 보니 신뢰감을 높인다는 이유로 상당히 기계적이려고 노력하더군요. 표정 변화 없이 호흡부터 목소리까지 비슷비슷하게 내려고 말이지요. AI 휴먼들이 지금보다 더 자연스러워지면, 이렇게 개성을 탈각시키고 비슷하게 진행하는 것이 경쟁력이 있을까 하는 걱정이 듭니다. 지상파 방송국 같은 곳들은 여전히 사람 아나운서를 채용할지 몰라도, 지역방송국이나 기업은 비용적인 측면을 고려해 서서히 다른 선택을 해 나갈 듯합니다. 게다가 Chat GPT처럼 원고까지 AI가 직접 쓸 수 있는 시대의 AI 아나운서라면요.

사람이 터치하는 결과물에는 사람이기 때문에 생기는 교감이나 감정, 자연스러움, 그런 것이 필요합니다. 인간의 매력을 덧입혀야 하거든요. 그러니까 핸드 메이드 도장이 필요하다는 얘기죠.

2022년 12월에 뉴욕주 햄튼 유대교회당에서 랍비 조시 프랭클린은 재미있는 실험을 했습니다. 이 랍비는 설교를 시작하기 전 회중들에게 "나는 누군가의 설교를 표절했다"고 미리 밝힌 후 설교가 끝나고 과연 누구의 설교인 것 같냐고 질문을 던졌습니다. 회중들은 다른 동료 랍비나 프랭클린의 아버지인 것 같다고 답했습니다. 심지어 개중에는 저명한 유대교 신학자인 조너선 색스의 설교 같다고 말한 사람도 있었습니다.[144] 하지만 이것은 Chat GPT가 써준 설교문이었습니다.

랍비 조시 프랭클린의 설교 장면(햄튼 회당 홈페이지)

종교인의 설교조차도 Chat GPT는 무난하게 써낸 것입니다. 말하자면 교리 해설이나 경전해석 같은 식의 지식적인 설교는 이제 Chat GPT에게 맡기면 된다는 것입니다. 이것이 꼭 나쁜 것만은 아닙니다. 교리나 경전이 하루아침에 달라지는 것도 아니고, 지역마다 다른 것도 아니니까요. 하지만 이렇게 해서는 Chat GPT가 대신해주는 일에 자신의 필요를 증명할 수 없습니다. Chat GPT가 초벌로 작성해 준 설교문에 인간의 감정과 윤리를 집어넣어야죠. 종교인들은 이것을 영성이라고 표현하기도 합니다.

설교문이 되었든 신년담화문이 되었든, 어떤 글이든 간에 사람들과 대면하는 글에는 분명한 교감의 포인트가 있어야 합니다. 그래야 경쟁력이 생깁니다.

인문학으로 이해하는 Together

…

이때 가장 처음에 필요한 것이 사람에 대한 이해입니다. 일단 여러 사람의 다양한 형태를 이해해야 공감할 수 있고, 교감할 수도 있습니다. 그래서 인문학 공부가 필요하죠. AI가 편리함을 제공할수록 반대편에는 사람에 대한 그리움이 쌓입니다. 즉 사람 자체에 관한 학문인 인문학은 더더욱 관심을 받게 될 수밖에 없습니다.

인문학이란 사람에 대한 학문입니다. '사람은 왜 그렇게 생각하고, 느끼고, 행동하는가, 무엇을 지향하는가'와 같은 의문에 대해서 심리, 역사, 문학, 철학 등 여러 가지 관점을 가지고 해석하고 적용하는 학문입니다. 기술적인 관점에서 사람을 이해하는 것도 하나의 인문학이라고 할 수 있습니다.

책을 읽고, 실제로 사람들과 교류하면서 대화하고, 공감하는 기회를 많이 가지는 것이 좋습니다. 드라마나 영화를 보고, 친구들과 여행을 가는 것도 좋고, 가족들과 많은 대화를 나누는 것도 좋습니다. 직접적, 간접적으로 사람들과 만날 기회를 많이 가지세요.

결과문에 나타나는 사람의 흔적

...

사람에 대한 이해는 휴먼터치로 나타납니다. GPT의 시대에 모든 것을 핸드 메이드로 하라는 것은 아닙니다. 그러면 속도 면에서 경쟁력이 떨어집니다. Chat GPT의 결과물을 활용해서 그것을 2차 가공하는 프로세스로 만들어 업무의 속도, 개인의 경쟁력을 향상시켜야 합니다.

Chat GPT가 가지지 못한 감정이나 공감을 덧입히는 리라이팅 과정은 산출된 결과물에서 사람의 숨결을 느끼게 하고 싶다면 꼭 필요한 일입니다. 바로 그 부분에서 다른 결과물들과의 차이점이 생깁니다. 이것이 없다면 AI로 양산되는 결과물들에 매몰될 수밖에 없습니다. 마지막에 들어갈 휴먼터치를 어떻게 효과적으로 유용하게 하느냐는 AI 시대 경쟁력의 핵심이라고 할 수 있습니다. 매력도를 높이는 일이죠.

인간이 감동을 받는 것은 아주 작은 포인트들입니다. 음식점에서 신발 벗고 들어왔는데, 나갈 때 보니 신발이 바깥쪽으로 향해 있다든가, 고객과의 눈인사 한번, 세심한 관공서의 안내 문구, 직장상사가 슬쩍 내미는 따뜻한 데자와 한 캔 같은 것들 말입니다. 이런 휴먼터치는 다른 사람의 입장에서 시뮬레이션을 해보면 바로 알 수 있습니다. 흔한 말로 우리가 "다른 사람 입장에서 생각해 보라"고 하는데, 생각만 하지 말고 상황을 시뮬레이션해 보면 조금 더 다른 사람을 이해할 확률이 높아집니다. 인간에 대한 세심한 관찰, 디테일에 대한 주의 같은 것들이 효과적인 휴먼터치를 만드는 힘이 됩니다.

사람을 향한 이해와 공감은 AI 시대에 간절하게 필요한 능력이라는 것을 잊지 마시고 사람에 대한 관심, 사람에 대한 공부, 감정을 나누고 교류하는 행동을 의식적으로 해 나가면서 발전시키기 바랍니다.

GPT,
너 나의 동료가 되어라

각 직군에서 Chat GPT에 대한 반응은 크게 두 가지입니다. '이 직업은 끝났다'와 '이 직업이 매우 흥미로워졌다'로 말입니다. Chat GPT를 활용해서 어떤 일을 할 수 있을지 이미 어느 정도 머릿속에 그림이 서는 사람들은 후자의 반응을 보입니다. 그리고 그런 사람들이 상위 10%가 됩니다.

AI는 어떤 사람에게 적이 되고, 어떤 사람에게 동료가 되어줄까요? AI가 만들어 낸 결과물을 보고, 그 이상을 만들어 낼 자신이 없는 사람에게는 적이 되고, 그 이상을 만들어 낼 자신이 있는 사람에게는 동료가 됩니다. 예를 들어, 경제 칼럼니스트가 '세계 금리가 1% 오르고, 에너지 위기가 지속될 때, 아프리카의 위기와 기회'라는 리포트를 Chat

GPT에게 부탁해서 결과물을 받았는데, 그 결과물의 내용보다 더 훌륭한 인사이트를 담지 못한다면 자신의 역할에 대한 대체의 공포를 느낄 것입니다. 반면 그 내용보다 좋은 인사이트를 담을 수 있는 사람은 그 내용을 베이스로 두고 시작할 수 있으니, 기초적이고 평범한 내용에 대한 공수를 덜고 나아가는 효과가 있습니다. 마치 초벌구이가 된 삼겹살을 굽는 것처럼요. 그러니 빠른 시간 안에 보다 나은 결과물을 받아들게 되는 사람에게 AI는 꽤나 믿음직한 집사이며, 조수이고, 동료가 됩니다. 회사원이라면 자신의 직무 능력을 끌어올려 주는 도구가 될 것입니다.

그럼에도 가끔 AI의 전방위적 활약을 보고 공포를 느끼기도 할 겁니다. 만약 앞선 경제 칼럼니스트가 자신의 컨설팅 회사를 세우고 그회사의 설립 스토리를 하나의 세계관으로 만들어 홈페이지에 게시하려 한다고 가정해 봅시다. 혼자서 끙끙 앓으며 세계관을 만들어 보지만, 아무래도 만족스럽지 않습니다. 그래서 Chat GPT에게 맡겼더니평균 수준 정도로는 세계관을 만들어 주었습니다. 이때 약간 공포스럽기도 할 겁니다. GPT는 모든 영역에서 평균을 해내거든요. 하지만 괜찮습니다. 어차피 세계관 창작이라는 분야는 이 경제 칼럼니스트의 전문 분야가 아니거든요. GPT의 도움을 받으면 받았지, 굳이 GPT보다잘할 필요는 없습니다.

보통 모든 분야에서 활약하는 인공지능을 보면 인간의 설 자리를 다시 생각하게 됩니다. 모든 영역에서 GPT 이상을 할 인간은 없습니다. 자신의 주력 분야가 아닌 곳에서 GPT의 능력을 보고 위협을 느끼거나 공포를 느낄 필요는 없다는 겁니다. 이런 부분에서 도움을 받으면 자신의 주력 업무에서의 효율성이 높아지고, 삶의 질이 올라갑니다.

우리는 모든 분야에서 GPT를 뛰어넘을 필요가 없습니다. 한 가지 분야에서 GPT를 뛰어넘는 통찰을 보여주고 인간의 감성을 넣어줄 수 있다면, 그것으로 충분합니다. 그리고 그 분야에서도 GPT가 잘하는 영역과 자신이 잘하는 영역을 구분하면 더욱 효과적이죠. 기초적인 자료, 기본적인 내용은 GPT가 정리하게 하고, 우리는 나온 자료를 검증하고, 더욱 다듬어서 통찰과 관점을 집어넣고, 휴먼터치로 마무리하면 됩니다.

이런 프로세스를 자연스럽게 익힌다면 효율성도 좋고, 생산성도 높아집니다. 이렇게 GPT를 잘 활용하시면 GPT는 우리의 충실한 동료가 됩니다. GPT와 같은 업무로 경쟁하지 말고, GPT와 업무를 나누는 동료로 삼으세요. 귀찮은 일 다 떠넘겨도 불평 한마디 없고, 가장 믿음직하고, 절대 뒷담화하지 않고, 쉬지 않고 나를 도와주는 이런 동료는 또 없거든요. 다만, 그러기 위해서는 자신의 경쟁력이 어디에 있는지,

그것을 어떻게 극대화해서 효율적으로 적용할 것인지, 혹시라도 떠오르는 게 없다면 그 부분을 어떻게 장착할 것인지 고민하는 시간이 필요할 것입니다. 이 책을 통해서 이러저러한 생각을 하실 수 있는 계기가 되었기를 바랍니다. 감사합니다.

주

인용 출처

1   https://openai.com/

2   https://biz.chosun.com/science-chosun/science/2022/12/06/3GXWJJI6WNGCPJGBLBDQC
EA6OI/

3   https://www.etnews.com/20230130000092

4   https://www.aitimes.kr/news/articleView.html?idxno=24726

5   https://7942yongdae.tistory.com/155

6   https://www.yna.co.kr/view/AKR20221019080600005

7   https://www.donga.com/news/article/all/20221018/116012750/1

8   https://community.openai.com/t/gpt-4-is-it-real-or-a-meme/34007

9   https://www.smartfn.co.kr/article/view/sfn202301310022

10   https://biz.chosun.com/science-chosun/science/2022/12/06/3GXWJJI6WNGCPJGBLBDQC
EA6OI/

11   https://it.donga.com/103387/

12   https://www.independent.co.uk/tech/ai-chatbot-chatgpt-google-openai-b2237834.html

13   https://www.nytimes.com/2022/12/21/technology/ai-chatgpt-google-search.html

14   https://m.post.naver.com/viewer/postView.nhn?volumeNo=17246755&memberNo=995227

15   http://www.ohmynews.com/NWS_Web/View/at_pg.aspx?CNTN_CD=A0001775190

16   https://news.mt.co.kr/mtview.php?no=2018041719383180574

17   https://www.ilyo.co.kr/?ac=article_view&entry_id=421348

18   https://post.naver.com/viewer/postView.naver?volumeNo=33169285&memberNo=2864364
7&vType=VERTICAL

19   https://www.etnews.com/20230130000092

20 https://www.yna.co.kr/view/AKR20230129018500009?input=1195m

21 https://www.hankyung.com/economy/article/202301104368i

22 https://www.chosun.com/economy/tech_it/2023/01/31/BMRWQI3VSJCCPAOHU5BTV7FLUE/?utm_source=naver&utm_medium=referral&utm_campaign=naver-news

23 https://openai.com/blog/chatgpt/

24 https://www.mk.co.kr/news/it/10628922

25 https://www.etnews.com/20230130000092

26 https://terms.naver.com/entry.naver?docId=2028535&cid=42914&categoryId=42915

27 https://www.yna.co.kr/view/AKR20230130079400017?input=1195m

28 https://openai.com/blog/chatgpt-plus/?fbclid=IwAR0qHJZ7AYrqLsubxWr9_tH1SQ-s2JHPRFQoDh1CBYcycHqksHSKaKdmV4g

29 https://www.figma.com/

30 https://www.youtube.com/watch?v=ThR3pRzrC1Y

31 https://www.aitimes.com/news/articleView.html?idxno=131070

32 https://aws.amazon.com/ko/what-is/api/

33 《특이점이 온다》 레이 커즈와일, 김영사, 2007

34 https://github.com/search?p=1&q=chatgpt&type=Repositories

35 https://techcrunch.com/2023/02/01/report-microsoft-plans-to-update-bing-with-a-faster-version-of-chatgpt-in-the-coming-weeks/?utm_source=dlvr.it&utm_medium=twitter&fbclid=IwAR0r0RuYPeYhhjA4rg48NE1lWhCYGBZTyr3OCea6nP0qS-FwCCbKQ13PAfg

36 https://blog.naver.com/nickykim156423/222997583884

37 https://pozalabs.com/#vision

38 https://news.mt.co.kr/mtview.php?no=2014062618064495405&outlink=1&ref=https%3A%2F%2Fsearch.naver.com

39 https://www.exponentialview.co/p/waiting-for-gpt4

40 https://biblegpt.org/

41 《내가 된다는 것》 아닐 세스, 흐름출판, 2020

42 https://www.donga.com/news/Economy/article/all/20230208/117782374/1

43 https://www.khan.co.kr/world/world-general/article/202301212101001

44   https://news.kmib.co.kr/article/view.asp?arcid=0017918705&code=61121111&cp=nv

45   https://www.yna.co.kr/view/AKR20230201041000009?input=1195m

46   http://kpenews.com/View.aspx?No=2697575

47   https://newsroom.daewoong.co.kr/archives/2493

48   https://jrepertory.modoo.at/?link=6ybt7vri

49   https://blackbox.com.sg/everyone/ai-art-the-future-of-creative-industries-or-convenient-plagiarism

50   https://www.donga.com/news/article/all/20220905/115301579/1

51   https://biz.chosun.com/science-chosun/science/2023/01/18/UD7GM2C6ZNDTJC GHSDSCHLMP4M/?utm_source=naver&utm_medium=original&utm_campaign=biz

52   https://www.donga.com/news/Economy/article/all/20230120/117521785/1

53   https://news.mt.co.kr/mtview.php?no=2023013116363934235

54   https://biz.chosun.com/science-chosun/science/2023/01/15/EOZW7FGZNNH5D CZFJCAQVGQK5E/

55   https://www.ytn.co.kr/_ln/0104_202302032013314201

56   https://www.smartfn.co.kr/article/view/sfn202301310022

57   https://news.zum.com/articles/81045792

58   https://www.independent.co.uk/tech/ai-chatbot-chatgpt-google-openai-b2237834.html

59   https://www.thisisgame.com/webzine/news/nboard/4/?n=166444

60   https://www.youtube.com/watch?v=oVUHrs83S34&t=4s

61   https://www.youtube.com/watch?v=AudNUrLgL-0&t=21s

62   https://www.youtube.com/watch?v=JRQiJrTWKAM

63   https://www.youtube.com/watch?v=XkVP3XpWuJk

64   https://www.youtube.com/watch?v=ThR3pRzrC1Y&t=1076s

65   https://www.youtube.com/watch?v=p6KaswDUE7I

66   https://www.mk.co.kr/news/it/10628922

67   https://www.yna.co.kr/view/AKR20230202061600009?input=1195m

68   https://biz.newdaily.co.kr/site/data/html/2023/01/11/2023011100235.html

69   https://www.youtube.com/watch?v=_eHjifELI-k&t=61s

70 https://www.smartcitytoday.co.kr/news/articleView.html?idxno=26374

71 https://www.segye.com/newsView/20160102000322

72 〈나도 코딩〉 채널 https://www.youtube.com/watch?v=VbqbnO8n48w&t=20s

73 〈노마드 코드〉 채널 https://www.youtube.com/watch?v=CIrR0-nkPfI

74 https://view.asiae.co.kr/article/2023020307223213749

75 https://terms.naver.com/entry.naver?docId=2028657&cid=42914&categoryId=42915

76 https://www.hankyung.com/international/article/202210120850i

77 https://brunch.co.kr/@hkyung769/239

78 https://www.youtube.com/watch?v=iq7cN7ocSOI

79 https://www.aitimes.com/news/articleView.html?idxno=144310

80 https://www.youtube.com/watch?v=h9l8iipDqNk&t=886s

81 https://www.hani.co.kr/arti/society/schooling/744970.html

82 https://blog.naver.com/hi_nso/222232682439

83 https://www.khan.co.kr/economy/economy-general/article/201604190924001

84 https://terms.naver.com/entry.naver?docId=794430&cid=46615&categoryId=46615

85 https://kmong.com/gig/123303

86 https://www.hankyung.com/it/article/202005227293H

87 https://n.news.naver.com/article/092/0002281516?fbclid=IwAR2aLE4qsRK7-CrgHfQvR
     7z0nrI7SNRQ-PFllf4eSYGYkSq3fIlkUz3cai8&mibextid=Zxz2cZ

88 https://www.busan.com/view/busan/view.php?code=2023011818041442457

89 https://www.theguardian.com/commentisfree/2020/sep/08/robot-wrote-this-article-gpt-3

90 https://n.news.naver.com/mnews/article/277/0005213524?sid=105

91 https://www.smartcitytoday.co.kr/news/articleView.html?idxno=26465

92 https://www.chosun.com/national/weekend/2021/01/30/U5EBPOVELFBIBLKE
     4LLXHZD72U/?utm_source=naver&utm_medium=referral&utm_campaign=naver-news

93 https://www.donga.com/news/article/all/20150307/69994239/1

94 https://news.sbs.co.kr/news/endPage.do?news_id=N1007064943&plink=ORI&cooper=NAV
     ER

95 https://www.yna.co.kr/view/GYH20230207000500044

96   https://terms.naver.com/entry.naver?docId=3574867&cid=58858&categoryId=58858

97   https://www.mk.co.kr/news/world/10633030

98   https://www.joongang.co.kr/article/7860124

99   https://wrtn.ai/

100   http://www.cctvnews.co.kr/news/articleView.html?idxno=61254

101   https://n.news.naver.com/mnews/article/008/0004847349?sid=105

102   https://biz.chosun.com/international/international_economy/2022/10/01/QHA5WA2PD

      VGP7GX7WJPASP5A6M/?utm_source=naver&utm_medium=original&utm_campaign=biz

103   https://www.youtube.com/watch?v=CYhdaS_8gV8&t=966s

104   https://terms.naver.com/entry.naver?docId=5665832&cid=43667&categoryId=43667

105   https://www.youtube.com/watch?v=J5WbpC7Aa0Y

106   https://search.naver.com/search.naver?where=image&sm=tab_jum&query=%EC%82%AC%E

      C%9C%A0%EC%9D%98+%EC%84%9C%EC%9E%AC

107   https://www.youtube.com/watch?v=Yx9Ac_NPVNw

108   https://www.joongang.co.kr/article/25130764

109   https://www.semanticscholar.org/paper/Roosevelt-Predicted-to-Win%3A-Revisiting-the-

      1936-Lohr-Brick/1a37f30acc1461689dea0399bf13ad27f9a72646/figure/0

110   https://namu.wiki/w/%EC%84%A0%ED%83%9D%20%ED%8E%B8%ED%96%A5

111   https://www.designdb.com/?menuno=1434&bbsno=1597&siteno=15&act=view&ztag=rO0

      ABXQAOTxjYWxsIHR5cGU9ImJvYXJkIiBubz0iOTkzIiBza2luPSJwaG90b19iYnNfMjAxOSI

      %2BPC9jYWxsPg%3D%3D#gsc.tab=0

112   https://v.daum.net/v/20230205073306628

113   https://www.chosun.com/economy/tech_it/2023/02/03/AB4C7HLLQVB55EL2MRG

      EIQNH44/?utm_source=naver&utm_medium=referral&utm_campaign=naver-news

114   https://search.naver.com/search.naver?where=nexearch&sm=top_sug.pre&fbm=0&acr=1&a

      cq=ghksdbf&qdt=0&ie=utf8&query=%ED%99%98%EC%9C%A8

115   https://www.smartcitytoday.co.kr/news/articleView.html?idxno=26374

116   https://www.designdb.com/?menuno=1434&bbsno=1597&siteno=15&act=view&ztag=rO0

      ABXQAOTxjYWxsIHR5cGU9ImJvYXJkIiBubz0iOTkzIiBza2luPSJwaG90b19iYnNfMjAxOSI

%2BPC9jYWxsPg%3D%3D#gsc.tab=0

117 http://www.mmjazz.net/book/25857

118 https://stability.ai/blog/stable-diffusion-announcement

119 https://www.mk.co.kr/news/it/10619800

120 https://news.kmib.co.kr/article/view.asp?arcid=0017918705&code=61121111&cp=nv

121 https://www.hankookilbo.com/News/Read/A2023020210100001102?did=NA

122 https://www.hani.co.kr/arti/culture/culture_general/950931.html

123 https://www.news1.kr/articles/4871983

124 https://www.technologyreview.kr/gpt3-best-worst-ai-openai-natural-language-2/

125 https://www.roblox.com/catalog?Category=17&salesTypeFilter=1

126 https://chat.openai.com/chat

127 http://www.edujin.co.kr/news/articleView.html?idxno=37513

128 https://promptbase.com/?fbclid=IwAR0JEteUOIKf3P8KJNC4ZJgKeiTt0vtWmCf1jw5Pkwct
lG-VZOvMMF0lodM

129 https://mpost.io/100-best-chatgpt-prompts-to-unleash-ais-potential/

130 https://terms.naver.com/entry.naver?docId=76069&cid=42155&categoryId=42155

131 https://www.youtube.com/watch?v=16zAWKKTZ0I&t=327s

132 https://terms.naver.com/entry.naver?docId=3583727&cid=60265&categoryId=60265

133 https://blog.naver.com/alexkwon79/222671896603

134 https://www.c3diz.net/the-steve-jobs-theater/

135 《정재승의 과학콘서트》 정재승, 어크로스, 2020

136 https://post.naver.com/viewer/postView.naver?volumeNo=28905488&memberNo=3586988
3&vType=VERTICAL

137 https://www.superookie.com/contents/5d2c15578b129f3d87387929

138 https://contents.premium.naver.com/philosopherchoihoon/knowledge/contents/22
0228200136278cF

139 https://astro.kasi.re.kr/learning/pageView/5142

140 https://terms.naver.com/entry.naver?docId=74741&cid=43667&categoryId=43667

141 https://lineage.plaync.com/board/server/view?articleId=55c2fcaa82915c0001cfb835&isNoti

ce=false

142   https://blog.naver.com/the-sotong/221468154268

143   https://blog.naver.com/4u_doumi/221897742327

144   https://www.newsnjoy.or.kr/news/articleView.html?idxno=305037

GPT 제너레이션

챗GPT가 바꿀 우리 인류의 미래

ⓒ 이시한

초판 1쇄 발행 | 2023년 2월 28일
초판 18쇄 발행 | 2024년 6월 5일

지은이 | 이시한
책임편집 | 정윤아
디자인 | goguma

콘텐츠 그룹 | 정다움 이가람 박서영 이가영 전연교 정다솔 문혜진 기소미

펴낸이 | 전승환
펴낸곳 | 책읽어주는남자
신고번호 | 제2021-000003호
이메일 | book_romance@naver.com

ISBN 979-11-91891-27-0 (03320)